KB261726

結
根
成
完

초등
한자 어휘

4단계
열매

초등 5·6학년

워크북 | 쓰기 노트, 확인 문제, 한자능력검정시험 모의 문제

- 교과서 및 일상 어휘, 검정시험 주요 한자 선별 수록
- 한자 어휘 – 문장 – 글의 단계적 학습
- 쓰기 활동, 한자성어 수록

똑똑
똑똑한 독해, 똑똑!
초등
한자 어휘
4단계 | 열매
초등 5·6학년

발행인 정선욱
퍼블리싱 총괄 남형주
기획 · 개발 조비호 김태원 김한길 신영한 김성준 김정희 육인선 민소희
디자인 · 마케팅 김정인 김라니 차혜린
제작 · 유통 서준성 신성철

똑똑 초등 한자 어휘 4단계 열매　　202307 제1판 1쇄

펴낸곳　이투스에듀(주) 서울시 서초구 남부순환로 2547
전화　1599-3225
등록번호　제2007-000035호
ISBN　979-11-389-1761-2 [63700]

초등 한자 어휘

우리말 중 한자어가 절반 가량을 차지한다는 사실을 아시나요?
사물의 이름을 나타내는 단어인 명사만 보면 한자어가 70~80%를 차지한다고 해요.
그렇기 때문에 한자어를 모르면 우리말 단어 또한 제대로 알기 어렵고
'글을 읽고 내용을 정확히 이해하고 판단하는 능력'인 문해력을 기르기도 어렵겠죠.

문해력을 기르려면 한자 어휘 공부를 시작하세요!

한 편의 글을 정확히 이해하려면, 어휘의 의미를 아는 게 우선입니다.
똑독 초등 한자 어휘 시리즈는
'한자 어휘 – 문장 – 글'의 단계적 학습으로
어휘의 의미와 쓰임새를 배울 수 있고,
다양한 문제 풀이와 쓰기 활동을 통해
문해력을 기르는 데 도움을 주는 훈련서입니다.

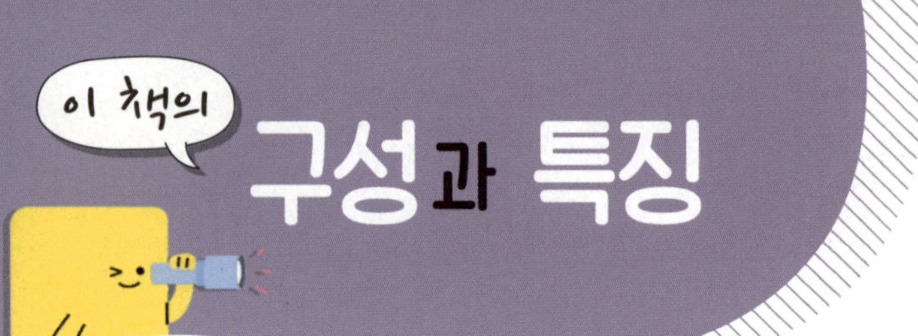

이 책의 구성과 특징

똑독 초등 한자 어휘 4단계 열매편

1 주제별 한자

주제별로 묶은 한자의 뜻과 소리를
배우고, 직접 써 보며 익힐 수 있어요.

2 한자 유래

한자의 유래를 통해 한자를
쉽고 재미있게 학습할 수 있어요.

1 한자 어휘

앞에서 배운 한자가 쓰인 어휘를 한눈에
확인할 수 있어요.

2 어휘의 뜻

한자 어휘가 어떤 뜻을 가졌는지 알 수
있어요.

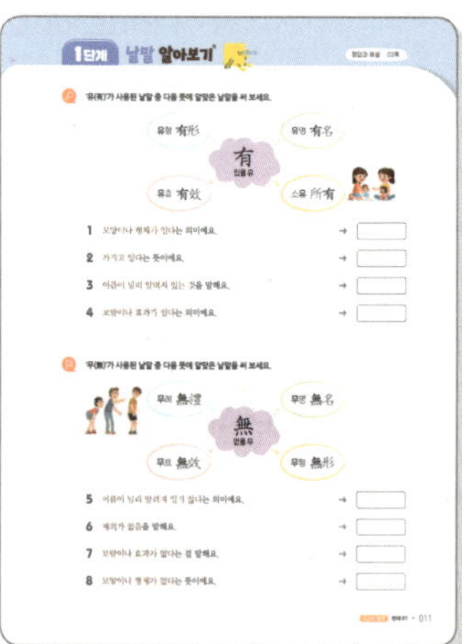

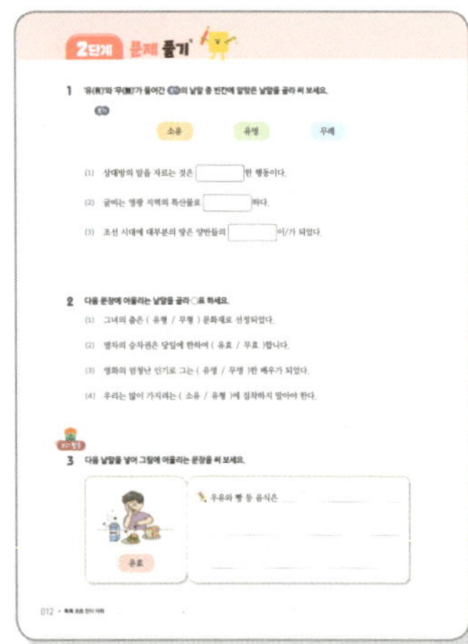

1 문제 풀이

한자 어휘의 쓰임을 파악하는 문제를
풀며 문장 이해력을 높일 수 있어요.

2 쓰기 활동

한자 어휘를 활용하여 문장을 써 보는
쓰기 활동을 하며 글쓰기 능력을 기를
수 있어요.

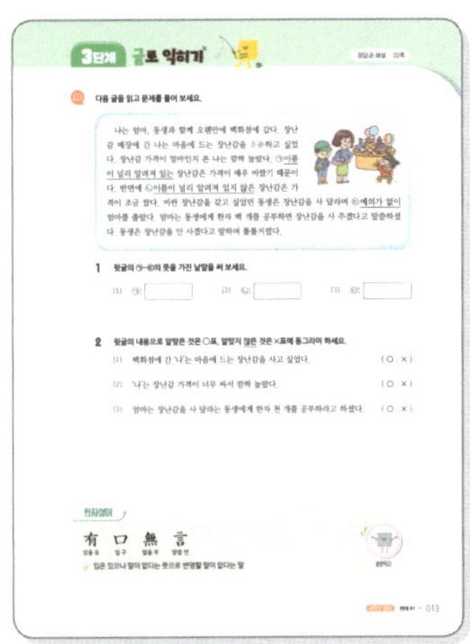

3단계 글로 익히기

1 글 읽기

한자 어휘가 사용된 다양한 분야의
글을 읽을 수 있어요.

2 어휘의 뜻

글에 쓰인 어휘의 뜻을 보고
어휘의 의미를 되새길 수 있어요.

3 문제 풀이

문제를 풀며 글의 내용을 이해하는
이해력과 문제 해결 능력을 기를 수 있어요.

4 한자성어

한자 어휘와 관련 있는 한자성어를 배울
수 있어요.

5 붙임딱지

하루 공부가 끝날 때마다 붙임딱지를
붙여 마무리할 수 있어요.

정답과 해설

- 한자 어휘가 어떤 뜻을 가졌는지 한눈에 확인할
  수 있어요.
- '문제 풀기'와 '글로 익히기'의 정답을 확인하고
  정답인 이유를 쉽게 알 수 있어요.

워크북

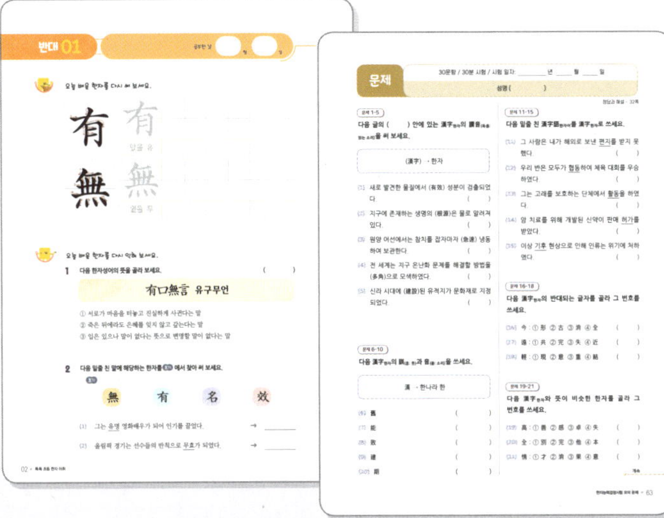

1 한자 쓰기

한자를 쓰는 순서를 배우고 직접 써 보며
해당 한자를 완벽하게 외울 수 있어요.

2 문제 풀이

다양한 문제를 풀며 앞에서 배운
한자 어휘를 다시 한번 확인할 수 있어요.

3 한자능력검정시험 모의 문제

한자능력검정시험 모의 문제를 풀며
시험에 대비할 수 있어요.

이 책의 차례

똑똑 초등 한자 어휘
어떻게 공부할까요?

1

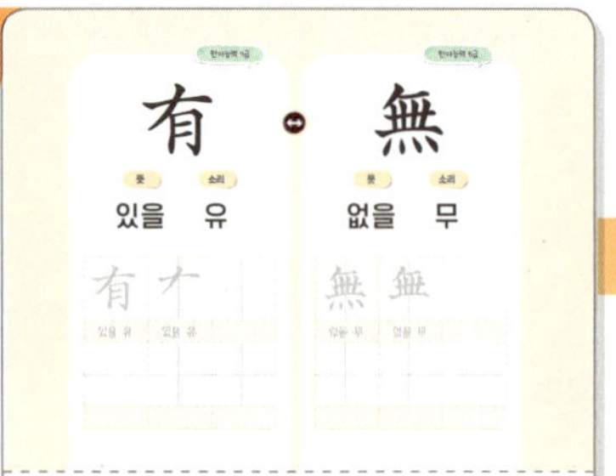

한자어의 뜻과 소리를 배우고 직접 써 봐요.

2

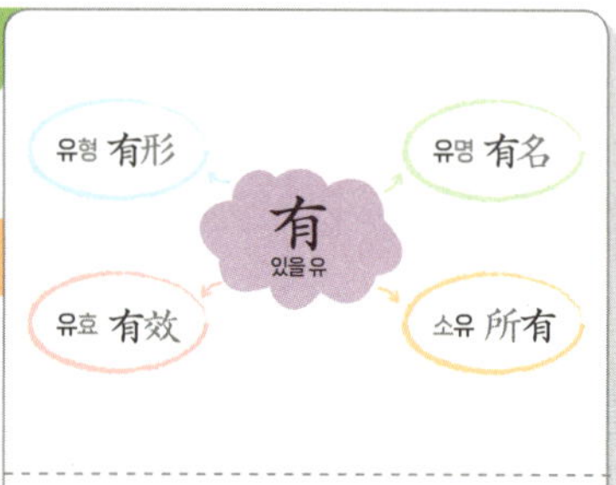

한자어가 사용된 낱말을 확인해 봐요.

4

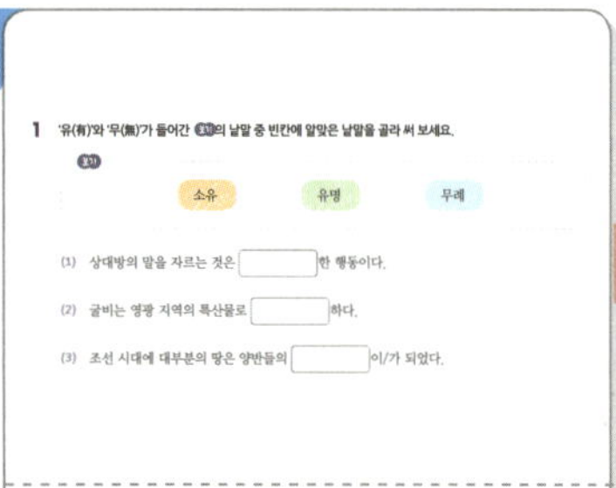

문장 속 한자 어휘의 의미를 파악하는 문제를 풀어 봐요.

3

1 모양이나 형체가 있다는 의미예요.

2 가지고 있다는 뜻이에요.

3 이름이 널리 알려져 있는 것을 말해요.

4 보람이나 효과가 있다는 의미예요.

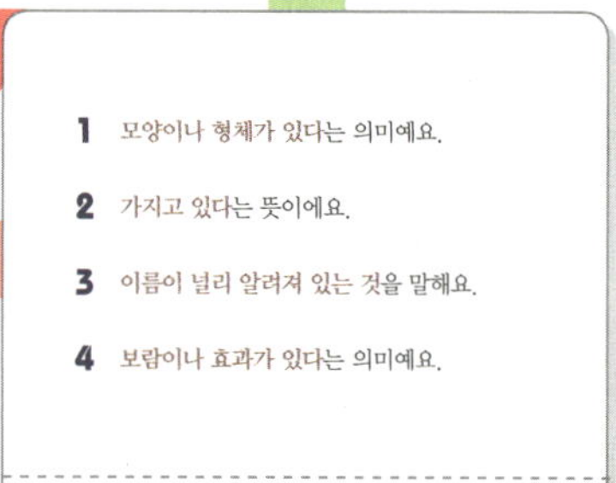

낱말의 뜻을 보고 어떤 낱말인지 알아봐요.

5

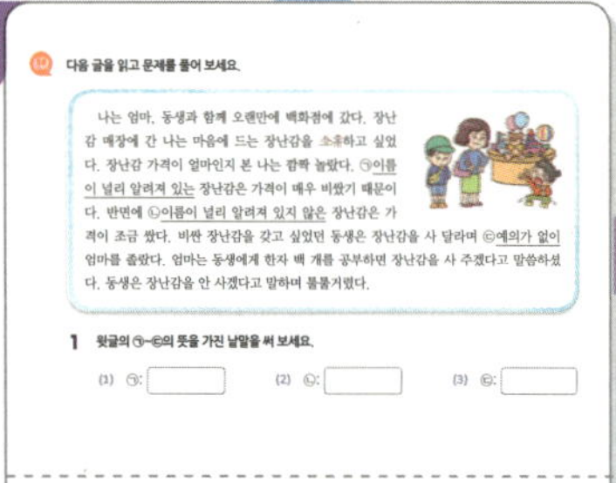

글을 읽으며 낱말의 뜻을 확인하고 문제를 풀어 봐요.

6

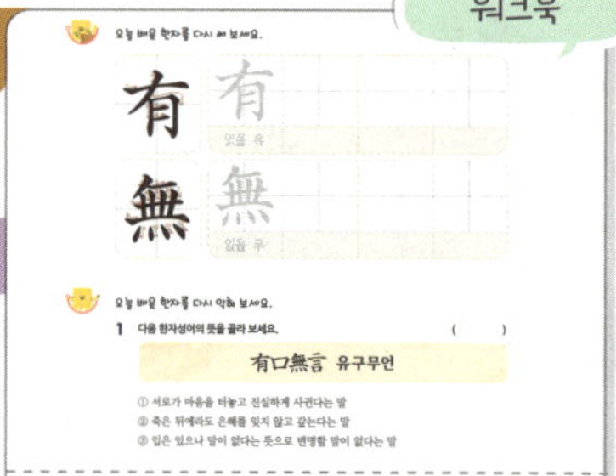

배운 한자의 획순을 확인하며 써 보고 다양한 문제를 풀며 한자 어휘를 완벽하게 익혀 봐요.

반대

有 _{있을유} / 無 _{없을무}

有

한자능력 7급

뜻   소리

있을 유

有	ナ	
있을 유	있을 유	

유래

💡 有는 손으로 고기를 쥐는 듯한 모습을 그린 한자야. 이것은 내가 고기를 소유하고 있다는 의미이지.

無

한자능력 5급

뜻   소리

없을 무

無	無	
없을 무	없을 무	

유래

💡 無는 양팔에 깃털을 들고 춤추는 사람을 그린 한자야. '춤추다'가 본래의 의미였지만 후에 '없다'라는 뜻을 갖게 되었어.

'유(有)'가 사용된 낱말 중 다음 뜻에 알맞은 낱말을 써 보세요.

유형 有形

유명 有名

有
있을 유

유효 有效

소유 所有

1 모양이나 형체가 있다는 의미예요. →

2 가지고 있다는 뜻이에요. →

3 이름이 널리 알려져 있는 것을 말해요. →

4 보람이나 효과가 있다는 의미예요. →

'무(無)'가 사용된 낱말 중 다음 뜻에 알맞은 낱말을 써 보세요.

무례 無禮

무명 無名

無
없을 무

무효 無效

무형 無形

5 이름이 널리 알려져 있지 않다는 의미예요. →

6 예의가 없음을 말해요. →

7 보람이나 효과가 없다는 걸 말해요. →

8 모양이나 형체가 없다는 뜻이에요. →

1 '유(有)'와 '무(無)'가 들어간 **보기**의 낱말 중 빈칸에 알맞은 낱말을 골라 써 보세요.

> **보기**
>
> 소유   유명   무례

(1) 상대방의 말을 자르는 것은 [   ]한 행동이다.

(2) 굴비는 영광 지역의 특산물로 [   ]하다.

(3) 조선 시대에 대부분의 땅은 양반들의 [   ]이/가 되었다.

2 다음 문장에 어울리는 낱말을 골라 ○표 하세요.

(1) 그녀의 춤은 (유형 / 무형) 문화재로 선정되었다.

(2) 열차의 승차권은 당일에 한하여 (유효 / 무효)합니다.

(3) 영화의 엄청난 인기로 그는 (유명 / 무명)한 배우가 되었다.

(4) 우리는 많이 가지려는 (소유 / 유형)에 집착하지 말아야 한다.

3 다음 낱말을 넣어 그림에 어울리는 문장을 써 보세요.

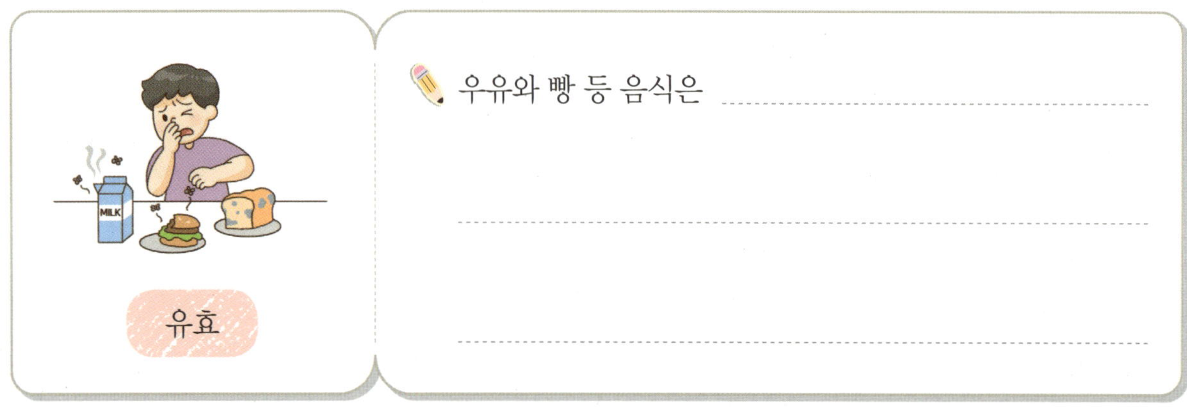

📖 다음 글을 읽고 문제를 풀어 보세요.

　나는 엄마, 동생과 함께 오랜만에 백화점에 갔다. 장난감 매장에 간 나는 마음에 드는 장난감을 <u>소유</u>하고 싶었다. 장난감 가격이 얼마인지 본 나는 깜짝 놀랐다. ㉠<u>이름이 널리 알려져 있는</u> 장난감은 가격이 매우 비쌌기 때문이다. 반면에 ㉡<u>이름이 널리 알려져 있지 않은</u> 장난감은 가격이 조금 쌌다. 비싼 장난감을 갖고 싶었던 동생은 장난감을 사 달라며 ㉢<u>예의가 없이</u> 엄마를 졸랐다. 엄마는 동생에게 한자 백 개를 공부하면 장난감을 사 주겠다고 말씀하셨다. 동생은 장난감을 안 사겠다고 말하며 툴툴거렸다.

1 윗글의 ㉠~㉢의 뜻을 가진 낱말을 써 보세요.

(1) ㉠: ⬚　　　　(2) ㉡: ⬚　　　　(3) ㉢: ⬚

2 윗글의 내용으로 알맞은 것은 ○표, 알맞지 <u>않은</u> 것은 ✕표에 동그라미 하세요.

(1) 백화점에 간 '나'는 마음에 드는 장난감을 사고 싶었다. 　（ ○ ┊ ✕ ）

(2) '나'는 장난감 가격이 너무 싸서 깜짝 놀랐다. 　（ ○ ┊ ✕ ）

(3) 엄마는 장난감을 사 달라는 동생에게 한자 천 개를 공부하라고 하셨다. 　（ ○ ┊ ✕ ）

한자성어

有 口 無 言
있을 유　입 구　없을 무　말씀 언

🔍 입은 있으나 말이 없다는 뜻으로 변명할 말이 없다는 말

古 옛 고 / 今 이제 금

古

한자능력 6급

뜻: 옛   소리: 고

옛 고   옛 고

유래

→ → 古

💡 古는 입과 방패를 그린 한자야. 오래전에 있었던 전쟁 이야기를 말한다는 뜻에서 만들어졌어.

今

한자능력 준6급

뜻: 이제   소리: 금

이제 금   이제 금

유래

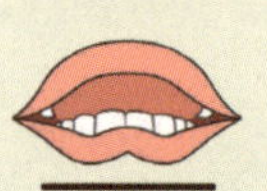→ → 今

💡 今은 입안에 무언가가 들어 있다는 것을 표현한 글자야. 지금은 본래의 의미와는 관계없이 시간의 개념을 표현하고 있어.

'고(古)'가 사용된 낱말 중 다음 뜻에 알맞은 낱말을 써 보세요.

고전 古典　　고대 古代

古
옛 고

고궁 古宮　　고고학 考古學

1 유물로 옛 인류의 생활과 문화를 연구하는 학문이에요.　→ ☐

2 오랫동안 널리 읽힌 문학이나 예술 작품을 말해요.　→ ☐

3 창경궁, 경복궁, 창덕궁 같은 옛 궁궐을 말해요.　→ ☐

4 옛 시대를 의미해요.　→ ☐

'금(今)'이 사용된 낱말 중 다음 뜻에 알맞은 낱말을 써 보세요.

작금 昨今　　금일 今日

今
이제 금

금방 今方　　지금 只今

5 말하는 바로 이때를 가리켜요.　→ ☐

6 조금 뒤에 곧, 순식간을 뜻하는 말이에요.　→ ☐

7 어제와 오늘, 요즈음을 의미해요.　→ ☐

8 지금 지나가고 있는 이날, 오늘을 말해요.　→ ☐

1 다음 문장의 빈칸에 들어갈 알맞은 낱말을 찾아 색칠해 보세요.

(1) 수아는 유적지와 유물을 연구하는 [   ]을/를 배우고 있다.

고고학   고대

(2) 서준이는 [   ] 소설을 좋아해서 많이 읽는다.

고궁   고전

2 다음 문장에 어울리는 낱말을 골라 ○표 하세요.

(1) 태호는 (작금 / 고대)의 상황이 벌어진 것에 너무 놀랐다.

(2) 엄마는 나에게 숙제를 (고대 / 금일) 끝낼 수 있는지 물어보셨다.

(3) 세탁소는 우리 집과 가까워서 (금방 / 작금) 도착한다.

(4) 우리나라는 고조선부터 통일 신라까지를 (고대 / 고궁)(이)라고 부른다.

쓰기 활동

3 다음 낱말을 넣어 그림에 어울리는 문장을 써 보세요.

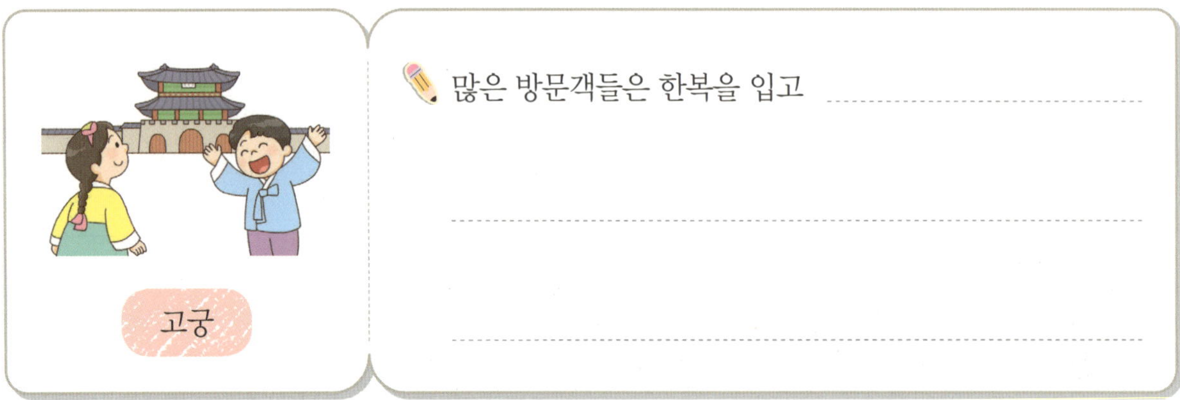

📖 **다음 글을 읽고 문제를 풀어 보세요.**

나는 외국에서 놀러 온 친구 톰과 함께 ㉠옛 궁궐에 놀러 갔다. ㉡옛 시대에 지어진 건물을 본 톰은 멋지다며 놀라워했다. 나는 이렇게 멋진 건물의 이름이 경복궁이라고 알려 주었다. 나는 우리 조상들의 멋진 문화가 담긴 건물이 ㉢말하는 바로 이때까지 남아 있는 것이 신기하였다.

톰은 작금에 고전을 좋아해서 고고학을 연구하는 사람이 되고 싶다고 말했다. 나는 어제는 우주 비행사가 되고 싶고, 오늘은 선생님이 되고 싶고 금방 꿈이 변하는데, 톰의 꿈이 멋지다고 생각하였다. 나도 톰처럼 진짜로 하고 싶은 것을 찾아야겠다고 결심하였다.

1 윗글의 ㉠~㉢의 뜻을 가진 낱말을 써 보세요.

(1) ㉠: ☐   (2) ㉡: ☐   (3) ㉢: ☐

2 윗글의 내용으로 알맞은 것은 ○표, 알맞지 <u>않은</u> 것은 ×표에 동그라미 하세요.

(1) '나'는 시골에서 놀러 온 친구와 함께 옛 궁궐에 갔다. (○ ┊ ×)

(2) '나'와 친구 '톰'이 본 궁궐의 이름은 경복궁이었다. (○ ┊ ×)

(3) '나'도 톰처럼 고고학을 연구하는 사람이 되는 것이 꿈이었다. (○ ┊ ×)

한자성어

萬 古 常 靑
일만 만 옛 고 항상 상 푸를 청

🔍 만년이나 오래도록 항상 푸르다는 뜻으로, 언제나 변함이 없다는 말

遠 멀 원 / 近 가까울 근

遠

뜻	소리
멀	원

멀 원	멀 원

近

뜻	소리
가까울	근

가까울 근	가까울 근

유래

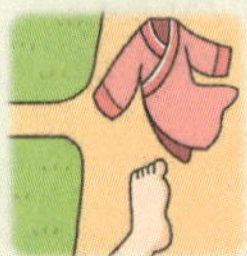

💡 遠은 옷깃이 늘어져 있듯이 길이 매우 멀다는 뜻을 표현한 한자야. 세월이 오래되었다는 뜻으로도 쓰여.

유래

💡 近은 길을 나누듯이 거리를 줄인다는 뜻을 표현한 한자야. 거리의 짧음뿐만 아니라 사람 관계에서의 친분이나 시간의 가까움을 뜻하기도 해.

1단계 낱말 알아보기

🔍 '원(遠)'이 사용된 낱말 중 다음 뜻에 알맞은 낱말을 써 보세요.

원격 遠隔

소원 疏遠

遠
멀 원

원정 遠征

원양 遠洋

1 육지에서 멀리 떨어진 바다를 말해요. →

2 거리가 멀리 떨어져 있다는 의미예요. →

3 서먹서먹한 사이를 말해요. →

4 먼 곳으로 싸우러 가는 것을 말해요. →

🚩 '근(近)'이 사용된 낱말 중 다음 뜻에 알맞은 낱말을 써 보세요.

근위 近衛

근교 近郊

近
가까울 근

근처 近處

근시 近視

5 도시의 변두리에 있는 마을을 말해요. →

6 가까운 곳을 의미해요. →

7 가까이에서 지켜 주는 걸 말해요. →

8 가까운 것은 잘 보아도 먼 것은 잘 보지 못하는 시력을 말해요. →

1　다음 문장의 빈칸에 들어갈 알맞은 낱말을 찾아 선으로 이어 보세요.

(1)　참치는 (　　　　　) 어업을 통해 잡을 수 있다.

(2)　축구 대표 팀은 지난 달 브라질로 (　　　　　)을 떠났다.

(3)　나는 학교 (　　　　　)에서 친구와 만나기로 하였다.

・원정

・원양

・근처

2　다음 문장에 어울리는 낱말을 골라 ○표 하세요.

(1)　드론은 (원정 / 원격)으로 조종한다.

(2)　태호와 성미는 (소원 / 근처)한 사이이다.

(3)　용감한 개는 주인을 (근교 / 근위)하였다.

쓰기 활동

3　다음 낱말을 넣어 그림에 어울리는 문장을 써 보세요.

📖 다음 글을 읽고 문제를 풀어 보세요.

나는 아빠와 함께 텔레비전으로 축구 원정 경기를 보았다. 나와 아빠는 텔레비전을 보며 엄마가 싸 주신 참치 김밥을 먹었다. 나는 맛있는 참치를 어디에서 잡는지 엄마께 여쭈어보았다. 엄마께서는 큰 배가 ㉠육지에서 멀리 떨어진 바다에서 참치를 잡는다고 알려 주셨다.

텔레비전을 보던 내가 ㉡가까운 곳은 잘 보이는데 멀리 있는 곳은 잘 보이지 않는다고 말했다. 아빠께서는 내가 ㉢가까운 것은 잘 보아도 먼 것은 잘 보지 못하는 시력이 되었기 때문이라고 말씀하셨다.

1 윗글의 ㉠~㉢의 뜻을 가진 낱말을 써 보세요.

(1) ㉠: _______________ (2) ㉡: _______________ (3) ㉢: _______________

2 윗글의 내용으로 알맞은 것은 ○표, 알맞지 <u>않은</u> 것은 ✕표에 동그라미 하세요.

(1) '나'는 텔레비전을 보면서 야채 김밥을 먹었다. (○ ┊ ✕)

(2) '나'는 참치가 먼바다에서 잡힌다는 것을 알게 되었다. (○ ┊ ✕)

(3) '나'는 시력이 나빠 가까이 있는 것을 잘 보지 못했다. (○ ┊ ✕)

한자성어

近	墨	者	黑
가까울 근	먹 묵	놈 자	검을 흑

🔍 나쁜 사람을 가까이하면 그 버릇에 물들기 쉽다는 말

少

한자능력 7급

뜻	소리
적을	소

少	小	
적을 소	적을 소	

↔

多

한자능력 6급

뜻	소리
많을	다

多	夕	
많을 다	많을 다	

유래

 → ⺌ → 少

💡 少는 작은 파편이 튀는 모습을 그린 한자야. 少는 小(작을 소)와 기원이 같지만 小는 '작다'로, 少는 '적다'의 뜻으로 나뉘었어.

유래

 → 多 → 多

💡 多는 고기가 쌓여 있는 모습을 그린 한자야. 고기가 쌓여 있듯이 매우 많다는 뜻을 가진 글자야.

🔍 '소(少)'가 사용된 낱말 중 다음 뜻에 알맞은 낱말을 써 보세요.

소수 少數   감소 減少

少
적을소

소액 少額   소년 少年

1 적은 수를 의미하는 말이에요.   →

2 적은 금액을 말해요.   →

3 어린 사내아이를 말해요.   →

4 양이나 수가 줄어든다는 의미예요.   →

🚩 '다(多)'가 사용된 낱말 중 다음 뜻에 알맞은 낱말을 써 보세요.

다수 多數   다정 多情

多
많을다

다각 多角   다발 多發

5 수가 많다는 의미예요.   →

6 일이나 사건 등이 많이 일어나는 것을 말해요.   →

7 정이 많다는 의미예요.   →

8 여러 방면을 말해요.   →

1 '소(少)'와 '다(多)'가 들어간 **보기**의 낱말 중 빈칸에 알맞은 낱말을 골라 써 보세요.

보기

감소   소액   다정

(1) 자동차의 판매량이 [   ]하고 있다.

(2) 그들은 [   ]하게 손을 잡고 걸었다.

(3) 성미는 게임을 하기 위해서 [   ] 결제를 하였다.

2 다음 문장에 어울리는 낱말을 골라 ○표 하세요.

(1) 이곳은 사고 (다발 / 감소) 지역이니 조심해야 한다.

(2) (소액 / 소년)은 아빠를 향해 걸어갔다.

(3) 우리는 (다정 / 소수)의 의견에도 귀 기울여야 한다.

(4) 해결 방법을 (다각 / 다발)(으)로 찾아보려고 노력하였다.

쓰기 활동

3 다음 낱말을 넣어 그림에 어울리는 문장을 써 보세요.

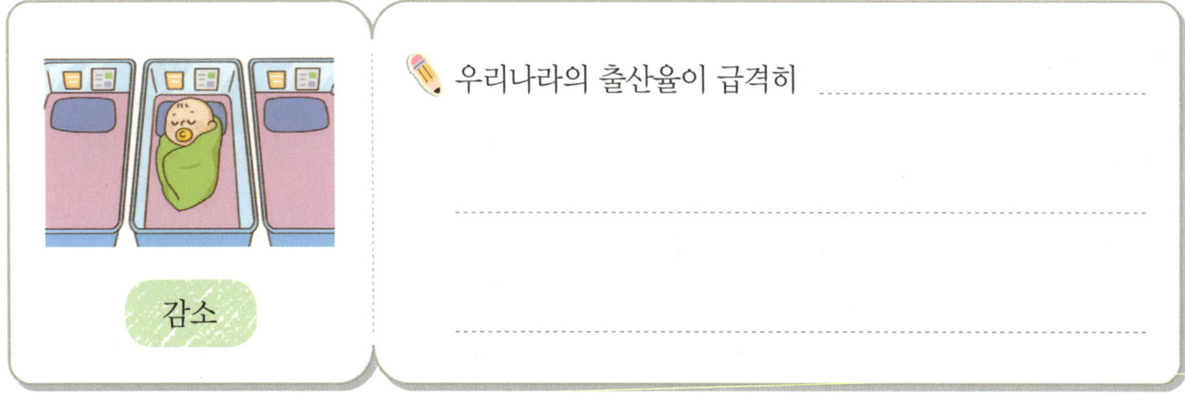

✏️ 우리나라의 출산율이 급격히 ___________________

____

____

다음 글을 읽고 문제를 풀어 보세요.

　아기였던 동생이 무럭무럭 자라서 ㉠<u>어린 사내아이</u>가 되었다. 그런데 동생은 욕심이 많아서 내가 가진 장난감을 달라고 떼를 썼다. 동생은 ㉡<u>많은 수</u>의 장난감을 갖고 있었지만 만족하지 않았다. 나는 동생이 미웠지만, 동생의 생일을 위해 용돈을 ㉢<u>적은 금액</u>이지만 열심히 모았다.

　드디어 동생의 생일날이 되었다. 나는 동생에게 멋진 자동차 장난감을 사 주었다. 동생은 형이 다정하다며 고맙다는 인사를 하였다. 그 후로 동생이 내 장난감을 욕심내는 일이 감소하였다.

1 윗글의 ㉠~㉢의 뜻을 가진 낱말을 써 보세요.

(1) ㉠: [　　　]　　(2) ㉡: [　　　]　　(3) ㉢: [　　　]

2 다음 문장의 빈칸에 들어갈 알맞은 낱말을 찾아 선으로 이어 보세요.

(1) 번개가 (　　　)로 치는 지역을 지날 때는 조심해야 한다. ·

· 소수

(2) (　　　)의 의견도 존중해야 한다. ·

· 다발

한자성어

多 多 益 善
많을 다　많을 다　더할 익　착할 선

🔍 많으면 많을수록 더욱 좋다는 말

重 무거울 중 / 輕 가벼울 경

공부한 날 월 일

한자능력 7급

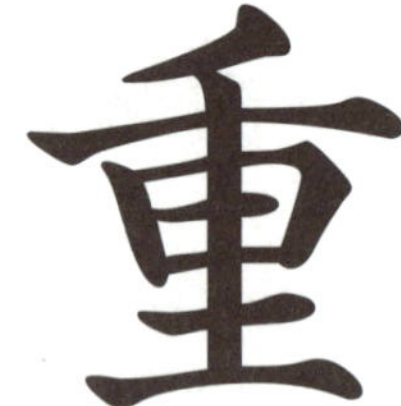

重

뜻 소리

무거울 중

重 重

무거울 중 무거울 중

한자능력 5급

輕

뜻 소리

가벼울 경

輕 輕

가벼울 경 가벼울 경

유래

重은 끈으로 사방을 동여맨 보따리를 그린 한자야. 사람이 등에 무거운 짐을 지고 있다는 의미를 나타낸 것이지.

유래

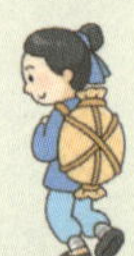

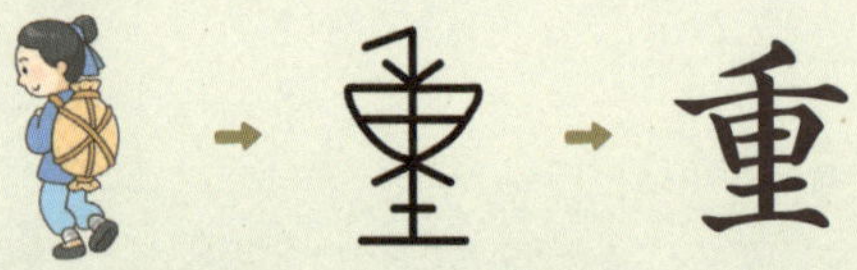

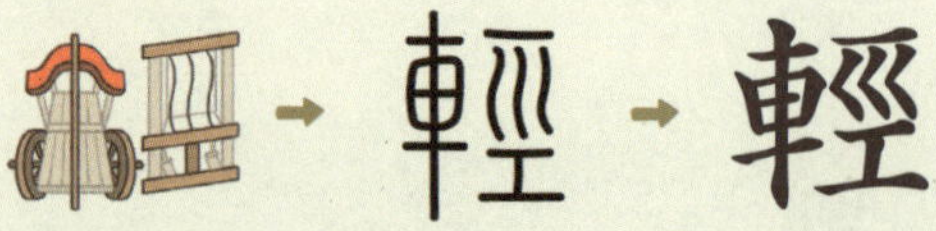

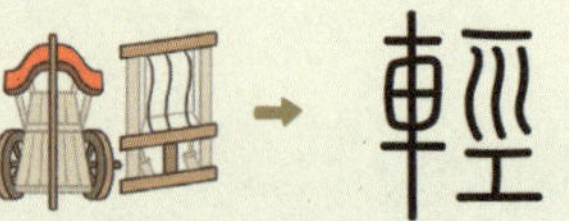

輕은 수레와 방직기 사이로 날실이 지나가는 모습을 합쳐 그린 글자야. 수레가 가볍게 지나간다는 뜻으로 마차의 무게가 가볍다는 뜻이지.

'중(重)'이 사용된 낱말 중 다음 뜻에 알맞은 낱말을 써 보세요.

소중 所重
중량 重量
重
무거울 중
중력 重力
가중 加重

1 지구 위의 물체가 지구로부터 받는 힘을 말해요. →

2 무게를 말해요. →

3 매우 값지다는 의미예요. →

4 부담이나 고통을 심해지게 한다는 의미예요. →

'경(輕)'이 사용된 낱말 중 다음 뜻에 알맞은 낱말을 써 보세요.

경멸 輕蔑
경솔 輕率
輕
가벼울 경
경량 輕量
경감 輕減

5 가벼운 무게를 말해요. →

6 고통을 덜어서 가볍게 한다는 의미예요. →

7 말이나 행동이 조심성이 없이 가볍다는 의미예요. →

8 깔보아 업신여기는 것을 말해요. →

1 다음 문장의 빈칸에 들어갈 알맞은 낱말을 찾아 색칠해 보세요.

(1) 태호는 컴퓨터를 [   ]하게 다루었다.

소중   가중

(2) 물건이 위에서 아래로 떨어지는 것은 [   ]이 작용하기 때문이다.

중력   중량

2 다음 문장에 어울리는 낱말을 골라 ○표 하세요.

(1) 선박의 (중량 / 경량)은 어마어마하다.

(2) 죄를 자백하면 형벌을 (가중 / 경감)해 주겠다.

(3) 그 사람은 (경솔 / 경멸)해서 실수를 자주 한다.

(4) 아파 봐야 건강이 (소중 / 경솔)하다는 것을 깨닫는다.

쓰기 활동

3 다음 낱말을 넣어 그림에 어울리는 문장을 써 보세요.

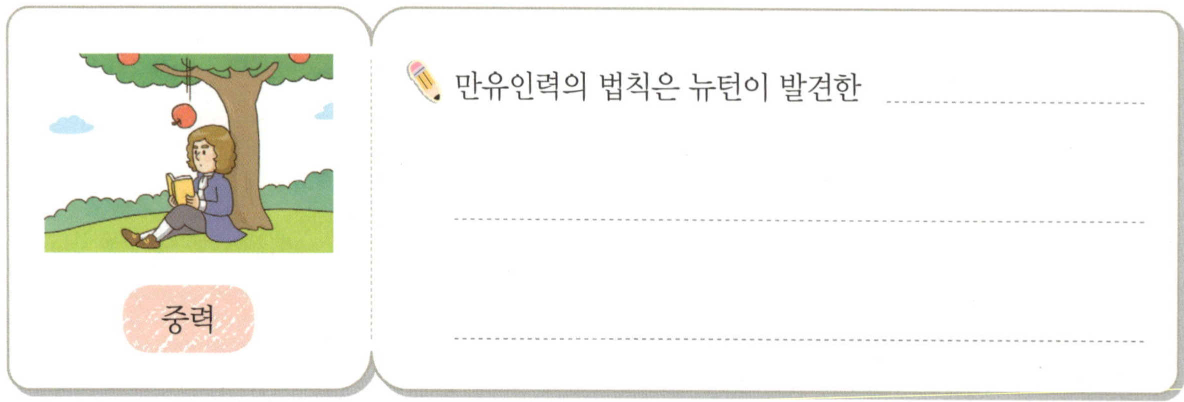

📖 다음 글을 읽고 문제를 풀어 보세요.

나는 오늘 병원에 갔다가 몸무게를 재고 깜짝 놀랐다. 요즘 좋아하는 음식을 많이 먹었더니 몸의 ㉠무게가 많이 늘어 있었다. 의사 선생님께서는 우리 몸은 ㉡매우 값지다고 말씀하셨다. 그리고 내가 좋아하는 치킨을 건강하게 오래 먹으려면 운동을 열심히 해서 몸무게를 ㉢가벼운 무게로 만들어야 한다고 하셨다.

집에 돌아온 나는 누나와 함께 운동을 하러 나갔다. 오랜만에 줄넘기를 하려니 잘 되지 않았다. 누나는 몸무게가 많이 나갈수록 지구의 중력이 나를 세게 잡아당기는 거라고 말해 주었다. 나는 앞으로 치킨을 경솔하게 먹지 않기로 다짐하였다. 그리고 매일 열심히 운동해서 살을 빼기로 결심하였다.

1 윗글의 ㉠~㉢의 뜻을 가진 낱말을 써 보세요.

(1) ㉠: ⬚　　　(2) ㉡: ⬚　　　(3) ㉢: ⬚

2 윗글의 내용으로 알맞은 것은 ○표, 알맞지 <u>않은</u> 것은 ✕표에 동그라미 하세요.

(1) '나'는 좋아하는 음식을 많이 먹어서 살이 쪘다.　　　(○ ┊ ✕)

(2) 의사 선생님께서는 '나'에게 운동을 열심히 하라고 말씀하셨다.　　　(○ ┊ ✕)

(3) '나'는 앞으로 치킨을 절대 먹지 않겠다고 결심하였다.　　　(○ ┊ ✕)

한자성어

輕 舉 妄 動
가벼울 경　들 거　허망할 망　움직일 동

🔍 도리나 사정은 생각하지 않고 경솔하게 행동한다는 말

공부한 날
월 일

한자능력 준7급

不

뜻 **소리**

아닐 부(불)

不	丆	
아닐 부(불)	아닐 부(불)	

↔

한자능력 5급

可

뜻 **소리**

옳을 가

可	口	
옳을 가	옳을 가	

유래

💡 不는 땅속으로 뿌리를 내린 씨앗을 그린 한자야. 아직 싹을 틔우지 못한 상태라는 의미에서 '아니다', '못하다', '없다'라는 뜻을 갖게 되었어.

유래

💡 可는 곡괭이와 口(입 구)가 결합한 모습을 그린 한자야. 본래는 곡괭이질을 하며 흥얼거린다는 의미로 쓰였지만 '옳다'나 '허락하다'라는 뜻으로 바뀌었어.

🔍 '부/불(不)'이 사용된 낱말 중 다음 뜻에 알맞은 낱말을 써 보세요.

부족 不足

불량 不良

不
아닐 부(불)

부정 不正

불과 不過

1 올바르지 않다는 의미예요. → ☐

2 그 수량을 넘지 않는다는 의미예요. → ☐

3 물건 따위의 품질이나 상태가 나쁜 것을 말해요. → ☐

4 충분하지 않다는 의미예요. → ☐

🚩 '가(可)'가 사용된 낱말 중 다음 뜻에 알맞은 낱말을 써 보세요.

가능 可能

가관 可觀

可
옳을 가

가부 可否

허가 許可

5 행동이나 일을 하도록 허용하는 것을 말해요. → ☐

6 할 수 있거나 될 수 있음을 말해요. → ☐

7 옳고 그름 혹은 찬성과 반대를 의미해요. → ☐

8 꽤 볼만하다는 뜻이에요. → ☐

1 다음 문장의 빈칸에 들어갈 알맞은 낱말을 찾아 선으로 이어 보세요.

(1) 많은 돈을 들여 새로 개발한 상품에 (　　　　)이 많다.　•

•　가관

(2) 그녀는 남다른 정의감 때문에 (　　　　)을 참지 못했다.　•

•　부정

(3) 눈이 내린 한라산의 경치는 참으로 (　　　　)이다.　•

•　불량

2 다음 문장에 어울리는 낱말을 골라 ○표 하세요.

(1) 입학한 지가 (불과 / 허가) 엊그제 같은데 벌써 졸업이었다.

(2) 우리 형편에 유학은 (가능 / 가상)하지 않았다.

(3) 투표로 (가관 / 가부)을/를 결정하기로 하였다.

3 다음 낱말을 넣어 그림에 어울리는 문장을 써 보세요.

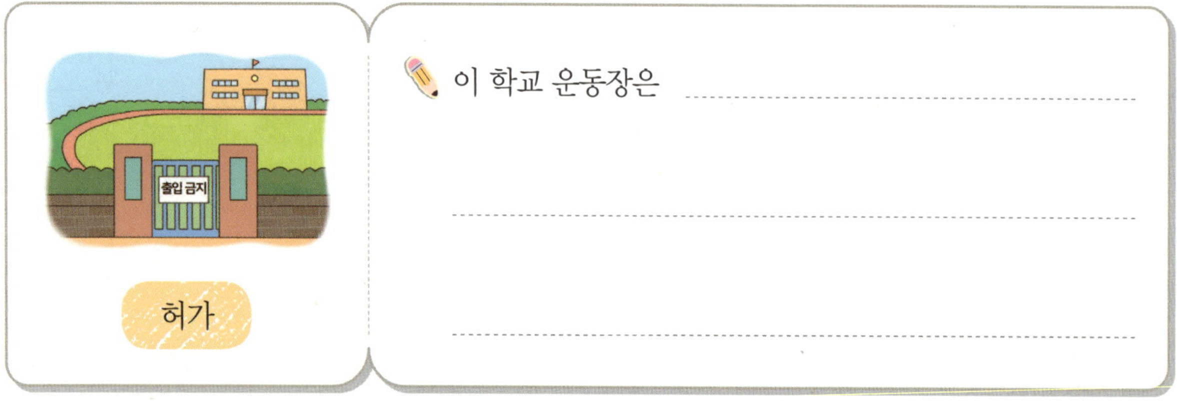

3단계 글로 익히기

📖 **다음 글을 읽고 문제를 풀어 보세요.**

> 나는 밥을 먹은 양이 ㉠충분하지 않아서 간식을 사 먹었다. 그런데 그 간식은 ㉡물건 따위의 품질이나 상태가 나쁜 것이었다. 그래서 나는 그 간식을 먹은 후 배가 아팠다. 엄마께서는 간식을 사 먹을 때에는 가능하면 ㉢행동이나 일을 하도록 허용한 것을 먹어야 한다고 말씀하셨다.
>
> 나는 나쁜 간식을 만드는 사람들이 부정하다고 생각하였다. 행동을 할 때에는 가부를 따져 옳은 일을 해야 한다. 앞으로는 몸에 나쁜 음식을 만드는 사람이 없었으면 좋겠다.

1 윗글의 ㉠~㉢의 뜻을 가진 낱말을 써 보세요.

(1) ㉠: [　　　]　　　(2) ㉡: [　　　]　　　(3) ㉢: [　　　]

2 다음 문장의 빈칸에 들어갈 알맞은 낱말을 찾아 선으로 이어 보세요.

(1) 설악산은 가을에 든 단풍이 (　　　　)이다.　　　　　• 불과

(2) 그 사실을 아는 사람의 수는 (　　　　) 몇 명뿐이다.　　　　　• 가관

한자성어

莫 無 可 奈
없을 막　없을 무　옳을 가　어찌 내

🔍 도무지 어찌할 수 없다는 말

붙임딱지

한자능력 준6급

新

뜻	소리
새	신

新	亲	
새 신	새 신	

유래

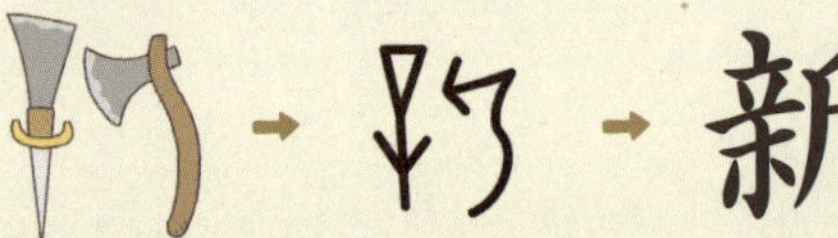

💡 新은 나무를 잘라 땔감을 만든다는 뜻이었지만 후에 나무를 자르고 다듬어 새로운 물건을 만든다는 뜻으로 확대되면서 '새로운'이라는 뜻을 갖게 되었어.

한자능력 준5급

舊

뜻	소리
옛	구

舊	萑	
옛 구	옛 구	

유래

💡 舊는 둥지에 있는 수리부엉이를 그린 한자야. 본래의 의미와 상관없이 久(오랠 구)와 음이 같다는 이유로 '오래되다'라는 뜻으로 쓰이게 되었어.

'신(新)'이 사용된 낱말 중 다음 뜻에 알맞은 낱말을 써 보세요.

신년 **新年**

신식 **新式**

新
새 신

경신 **更新**

신간 **新刊**

1 새로운 방식을 의미해요. → ☐

2 이전의 기록을 깨뜨리는 것을 말해요. → ☐

3 새로 시작되는 해를 말해요. → ☐

4 새로 나온 책이나 잡지를 말해요. → ☐

'구(舊)'가 사용된 낱말 중 다음 뜻에 알맞은 낱말을 써 보세요.

구면 **舊面**

구식 **舊式**

舊
옛 구

친구 **親舊**

구관 **舊官**

5 먼저 있었던 벼슬아치를 말해요. → ☐

6 예전의 방식을 말해요. → ☐

7 예전부터 알고 있는 사람이라는 의미예요. → ☐

8 가깝게 오래 사귄 사람을 의미해요. → ☐

1 '신(新)'과 '구(舊)'가 들어간 보기 의 낱말 중 빈칸에 알맞은 낱말을 골라 써 보세요.

보기

경신   신년   구관

(1) '⬜ 이 명관'이라는 속담은 경험이 많은 사람이 잘한다는 뜻이다.

(2) 그는 이번 대회에서 세계 기록을 ⬜ 하였다.

(3) ⬜ 을 맞이하여 새로운 목표를 세웠다.

2 다음 문장에 어울리는 낱말을 골라 ○표 하세요.

(1) 우리 할머니는 (구식 / 신식) 문물보다는 옛것을 더 좋아하신다.

(2) 그는 (신간 / 구관) 소설이 나왔는지 살펴보러 서점에 갔다.

(3) 은지와는 (구면 / 신년)이지만 그 동생은 초면이다.

(4) 기후 변화로 지구 온도가 최고 기록을 (신간 / 경신)하였다.

3 다음 낱말을 넣어 그림에 어울리는 문장을 써 보세요.

_______________________ 해돋이를 보러 동해에 갔다.

📖 다음 글을 읽고 문제를 풀어 보세요.

우리 가족은 ㉠새로 시작되는 해를 맞이하여 서점에 갔다. 가족들은 올해 읽을 책의 수가 ㉡이전의 기록을 깨뜨리는 것을 목표로 삼았다. 나는 서점에서 신간으로 나온 책을 몇 권 샀다. 그리고 책을 둘러보는데 ㉢가깝게 오래 사귄 사람을 만났다. 그 아이와 우리 부모님은 구면이었다.

우리 가족은 책을 산 후 신식으로 만든 건물에서 구식으로 만들어 주는 팥빙수와 약과를 간식으로 먹었다. 오랜만에 가족과 쇼핑도 하고 맛있는 음식도 먹으니 즐거웠다. 부모님께서는 올해 책을 백 권 읽자고 말씀하셨다.

1 윗글의 ㉠~㉢의 뜻을 가진 낱말을 써 보세요.

(1) ㉠: ______   (2) ㉡: ______   (3) ㉢: ______

2 윗글의 내용으로 알맞은 것은 ○표, 알맞지 <u>않은</u> 것은 ×표에 동그라미 하세요.

(1) '나'는 서점에서 새로 나온 책 몇 권을 샀다. (○ : ×)

(2) '나'는 책을 구경하다가 처음 보는 친구를 만났다. (○ : ×)

(3) 우리 가족은 쇼핑 후에 예전의 방식으로 만든 간식을 사 먹었다. (○ : ×)

한자성어

溫　故　知　新
따뜻할 온　연고 고　알 지　새 신

🔍 옛것을 익히고 그것을 미루어서 새것을 안다는 말

붙임딱지

한자 놀이

꽃잎에 있는 한자와 만나 낱말을 이루는 한자는 무엇일까요?
빈칸에 알맞은 한자를 쓰세요.

생활

한자능력 준6급

才

뜻	소리
재주	재

才	十	
재주 재	재주 재	

한자능력 준5급

能

뜻	소리
능할	능

能	育	
능할 능	능할 능	

유래

💡 才는 싹이 올라오는 모습을 그린 한자야. 힘 있게 올라오는 새싹을 사람의 재능이나 재주에 빗대어 만든 글자이지.

유래

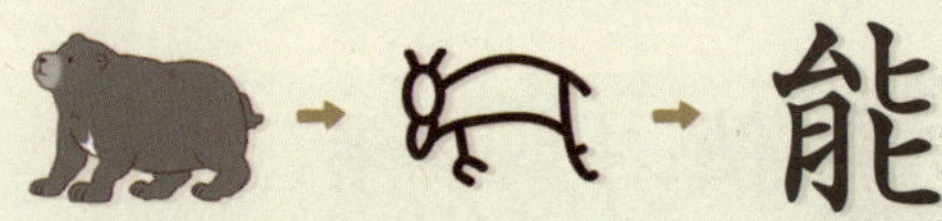

💡 能은 곰을 그린 한자야. 신성함을 상징했던 곰은 여러모로 탁월한 능력을 가진 것으로 생각되었기 때문에 '능력'이라는 뜻을 갖게 되었어.

🔍 '재(才)'가 사용된 낱말 중 다음 뜻에 알맞은 낱말을 써 보세요.

재담 才談 수재 秀才

才 재주 재

다재 多才 귀재 鬼才

1 익살과 재치를 부리며 재미있게 이야기하는 것이에요. → ☐

2 세상에서 보기 드물게 뛰어난 재능을 말해요. → ☐

3 머리가 좋고 재주가 뛰어난 사람을 의미해요. → ☐

4 재주가 많다는 의미예요. → ☐

🚩 '능(能)'이 사용된 낱말 중 다음 뜻에 알맞은 낱말을 써 보세요.

재능 才能 능력 能力

能 능할 능

전능 全能 능동 能動

5 감당해 낼 수 있는 힘을 말해요. → ☐

6 어떤 일이나 잘한다는 의미예요. → ☐

7 제힘으로 움직인다는 의미예요. → ☐

8 어떤 일을 하는 데 필요한 재주와 능력을 말해요. → ☐

1 다음 문장의 빈칸에 들어갈 알맞은 낱말을 찾아 색칠해 보세요.

(1) 그는 한때 [   ] 소리를 듣던 사람이다.

다재   수재

(2) 공부는 [   ] 적으로 해야 한다.

전능   능동

2 다음 문장에 어울리는 낱말을 골라 ○표 하세요.

(1) 그는 익살과 재치가 있는 소문난 (재담 / 귀재)꾼이다.

(2) 연극의 배역을 잘 소화하는 그녀는 변신의 (다재 / 귀재)라고 불린다.

(3) 꿈에 대한 의지를 꺾지 않고 (재능 / 능동)을 발휘하였다.

(4) 준범이는 모든 악기를 다룰 줄 아는 (능동 / 다재)을/를 가진 예술가이다.

쓰기 활동

3 다음 낱말을 넣어 그림에 어울리는 문장을 써 보세요.

3단계 글로 익히기

📖 다음 글을 읽고 문제를 풀어 보세요.

우리 반에는 ㉠재주가 많은 친구들이 많다. 하늘이는 수학을 잘하는 ㉡머리가 좋고 재주가 뛰어난 사람이다. 별이는 달리기를 잘하는 능력이 있다. 민호는 그림을 그리는 데 ㉢세상에서 보기 드물게 뛰어난 재능을 가졌다.

이렇게 많은 재주를 가진 친구들을 보자니 내가 가진 재능은 무엇일까 궁금해졌다. 선생님께서는 고민하는 나에게 무엇이든 가능하다며 꿈을 크게 가지라고 말씀하셨다. 무엇이든 잘하는 전능한 사람이면 좋겠다. 나는 우선 말을 잘하는 능력을 키워 보기로 결심하였다.

1 윗글의 ㉠~㉢의 뜻을 가진 낱말을 써 보세요.

(1) ㉠: ☐

(2) ㉡: ☐

(3) ㉢: ☐

2 다음 문장의 빈칸에 들어갈 알맞은 낱말을 찾아 선으로 이어 보세요.

(1) 아버지는 나에게 (　　　　) 한 사람이었다.　　•

•　전능

(2) 내 친구는 (　　　　)을 잘하여 인기가 많다.　　•

•　재담

한자성어

能 小 能 大
능할 능　작을 소　능할 능　클 대

🔍 큰 일이나 작은 일이나 임기응변으로 잘 해낸다는 말

한자능력 7급

紙

뜻	소리
종이	지

紙	糸	
종이 지	종이 지	

한자능력 7급

字

뜻	소리
글자	자

字	宀	
글자 자	글자 자	

유래

 → 紙 → 紙

💡 紙는 가는 실과 나무뿌리가 땅속으로 뻗어 있는 모습을 그린 한자야. 종이가 만들어지기 이전에는 천 조각이 '종이'라는 의미로 쓰였어.

유래

 → 字 → 字

💡 字는 집에서 아이를 기르는 모습을 그린 한자야. 원래는 '기르다'라는 뜻으로 쓰였지만, 진시황 때부터 '글자'라는 의미로 사용되었어.

'지(紙)'가 사용된 낱말 중 다음 뜻에 알맞은 낱말을 써 보세요.

지면 紙面　　　　일간지 日刊紙

紙
종이 지

편지 便紙　　　　한지 韓紙

1 소식을 알리거나 용건을 적어 보내는 글을 말해요.　→

2 닥나무 껍질로 만든 종이를 말해요.　→

3 날마다 발행하는 신문을 의미해요.　→

4 종이의 표면이나, 글이 실린 쪽을 의미해요.　→

'자(字)'가 사용된 낱말 중 다음 뜻에 알맞은 낱말을 써 보세요.

한자 漢字　　　　문자 文字

字
글자 자

영문자 英文字　　　　숫자 數字

5 수를 나타내는 글자를 의미해요.　→

6 고대 중국에서 만들어져 지금까지 쓰이고 있는 글자를 말해요.　→

7 영어를 적은 글자를 말해요.　→

8 사람의 말을 적는 데 사용하는 한자나 한글 같은 기호를 의미해요.　→

1 다음 문장의 빈칸에 들어갈 알맞은 낱말을 찾아 선으로 이어 보세요.

(1) 내가 살던 도시는 거주하는 주민의 (　　　　)이/가 50만 명을 넘는다.

• 문자

(2) 그 사건은 신문의 (　　　　)을/를 어마어마하게 차지했다.

• 지면

(3) 한글날은 세계에서 유일하게 (　　　　)을/를 기념한 날이다.

• 숫자

2 다음 문장에 어울리는 낱말을 골라 ○표 하세요.

(1) 이 사고는 여러 (일간지 / 편지)에서 1면 기사로 다루었다.

(2) 연날리기는 (편지 / 한지)로 만든 연을 바람에 높이 띄우는 놀이이다.

(3) 그 서류는 (문자 / 영문자)로 쓰지 말고 한글로 써 주시기를 바랍니다.

쓰기 활동

3 다음 낱말을 넣어 그림에 어울리는 문장을 써 보세요.

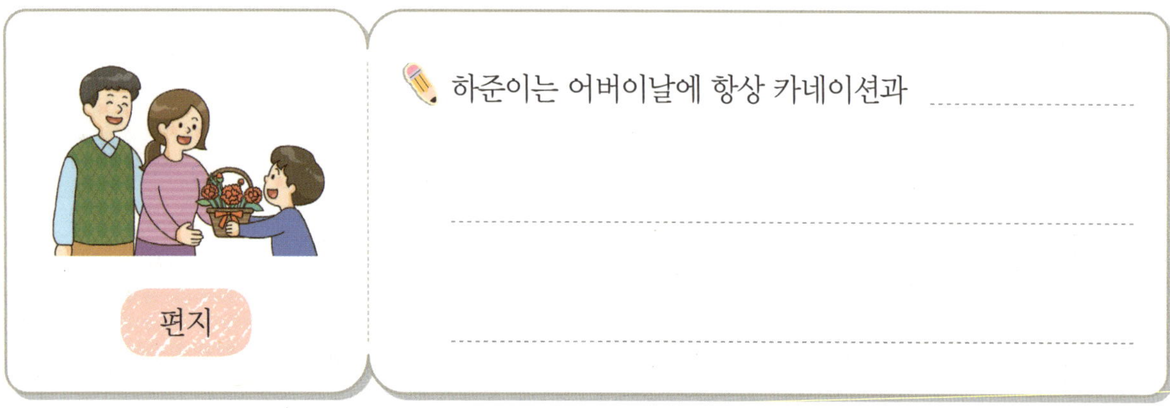

✏ 하준이는 어버이날에 항상 카네이션과

다음 글을 읽고 문제를 풀어 보세요.

　　나는 ㉠날마다 발행하는 신문의 지면에서 글 하나를 보았다. 나와 같은 요즘 어린이들이 ㉡고대 중국에서 만들어져 지금까지 쓰이고 있는 글자를 잘 모른다는 글이었다. 우리나라에서 쓰이는 문자에는 이 글자가 많이 쓰이는데 그 뜻을 잘 모른다는 내용이었다. 그러고 보니 나도 이 글자를 외우는 것을 싫어하였다. ㉢영어를 적은 글자와 숫자에는 익숙한데 말이다.

　　부모님께 이 글에 대한 이야기를 했더니 글자 쓰는 연습을 하라며 한지를 사 주셨다. 나는 친구에게 편지를 쓸 수 있을 만큼 글자 쓰는 연습을 열심히 해야겠다고 생각하였다.

1 윗글의 ㉠~㉢의 뜻을 가진 낱말을 써 보세요.

(1) ㉠: ☐　　　　(2) ㉡: ☐　　　　(3) ㉢: ☐

2 윗글의 내용으로 알맞은 것은 ○표, 알맞지 <u>않은</u> 것은 ✕표에 동그라미 하세요.

(1) '나'는 요즘 어린이들이 한자를 잘 모른다는 기사를 읽었다.　　　　(○ ┆ ✕)

(2) '나'는 한자와 같은 글자를 외우는 것을 좋아한다.　　　　(○ ┆ ✕)

(3) 부모님께서는 '나'에게 글자 쓰는 연습을 하라며 한지를 사 주셨다.　　　　(○ ┆ ✕)

한자성어

不　立　文　字
아닐 불　　설 립　　글월 문　　글자 자

🔍 말이나 글에 집착하지 않고 마음에서 마음으로 뜻을 전하고 깨닫는다는 말

한자능력 6급

根

뜻　　소리
뿌리　　근

根	木	
뿌리 근	뿌리 근	

💡 根은 사람의 시선이 나무뿌리를 향하고 있는 모습을
그린 한자야. 나무를 지탱하는 것이 뿌리인 것처럼
사물의 근본과 본바탕이라는 뜻으로 쓰이게 되었어.

한자능력 6급

本

뜻　　소리
근본　　본

本	十	
근본 본	근본 본	

💡 本은 나무의 뿌리 부분을 그린 글자야. 나무를 지탱
하는 것이 뿌리이듯이 사물을 구성하는 바탕이라는
의미에서 '근본'을 뜻하게 되었어.

🔍 '근(根)'이 사용된 낱말 중 다음 뜻에 알맞은 낱말을 써 보세요.

근거 根據　근원 根源

根
뿌리 근

근본 根本　연근 蓮根

1 물줄기가 시작되는 곳이나 사물이 비롯되는 원인을 의미해요.　→ ◻

2 사물의 본질이나 본바탕을 말해요.　→ ◻

3 연꽃의 뿌리줄기를 말해요.　→ ◻

4 어떤 일이나 의견을 뒷받침하는 까닭을 말해요.　→ ◻

🚩 '본(本)'이 사용된 낱말 중 다음 뜻에 알맞은 낱말을 써 보세요.

원본 原本　본래 本來

本
근본 본

표본 標本　사본 寫本

5 본보기로 삼을 만한 것을 말해요.　→ ◻

6 베끼거나 고치기 전의 본디의 서류나 책을 말해요.　→ ◻

7 본디의 것을 복사하거나 고친 서류나 책을 의미해요.　→ ◻

8 사물이나 사실이 전하여 내려온 그 처음이라는 뜻이에요.　→ ◻

1 '근(根)'과 '본(本)'이 들어간 **보기**의 낱말 중 빈칸에 알맞은 낱말을 골라 써 보세요.

보기

근원 연근 본래

(1) 영수는 ⬜ 부터 말이 없고 점잖다.

(2) 물은 지구에 있는 모든 생명의 ⬜ 이다.

(3) 편식이 심한 아이들을 위해 ⬜ 튀김을 해 주었다.

2 다음 문장에 어울리는 낱말을 골라 ○표 하세요.

(1) 무슨 (근거 / 근본)(으)로 그런 주장을 펼치는지 모르겠다.

(2) 그 계약서는 매우 중요해서 (사본 / 원본)을 만들어 두었다.

(3) 그 선수는 노력과 끈기의 (연근 / 표본)이 되었다.

(4) 이 모임은 (근거 / 본래)의 목적을 잊은 지 오래되었다.

쓰기 활동

3 다음 낱말을 넣어 그림에 어울리는 문장을 써 보세요.

📖 다음 글을 읽고 문제를 풀어 보세요.

> 시내의 ㉠물줄기가 시작되는 곳이 마을 한가운데에 있었다. 시내에서 나온 물이 흘러간 연못에는 연꽃이 자랐다. 해마다 마을 사람들은 ㉡연꽃의 뿌리줄기를 캐어 먹었다. 나는 ㉢사물이나 사실이 전하여 내려온 그 처음부터 뿌리채소는 좋아하지 않았는데 연근으로 만든 요리는 맛있어서 좋아했다.
>
> 연꽃의 뿌리줄기에는 구멍이 숭숭 뚫려 있었는데 나는 그 모양이 신기했다. 그래서 도서관에서 연꽃과 관련된 책의 원본을 찾아 보았다. 그리고 책을 복사해서 사본을 가져와 집에서 공부하였다. 세상에는 신기한 뿌리를 가진 식물들이 많다는 것을 알게 되었다.

1 윗글의 ㉠~㉢의 뜻을 가진 낱말을 써 보세요.

(1) ㉠: ____________   (2) ㉡: ____________   (3) ㉢: ____________

2 다음 문장의 빈칸에 들어갈 알맞은 낱말을 찾아 선으로 이어 보세요.

(1) 자신의 의견을 낼 때에는 알맞은 (   )을/를 말해야 한다. •

• 표본

(2) 우리는 그 사람을 위대한 성공의 (   )(으)로 삼았다. •

• 근거

한자성어

本　末　顚　倒

근본 본　끝 말　엎드러질 전　넘어질 도

🔍 일의 처음과 나중이 뒤바뀐다는 말

한자능력 준6급

形

뜻 모양   **소리** 형

形	开	
모양 형	모양 형	

한자능력 준6급

成

뜻 이룰   **소리** 성

成	厉	
이룰 성	이룰 성	

유래

形 → 形 → 形

💡 形은 두 개의 방패를 겹쳐 그린 글자에 彡(터럭 삼)을 더한 글자야. '둘은 비슷한 모양을 하고 있다'라는 뜻으로 만들어졌어.

유래

→ → 成

💡 成은 반달 모양의 날이 달린 창을 그린 한자야. 적을 굴복시켜 일을 마무리했다는 의미가 확대되면서 지금의 '이루다'나 '완성되다'라는 뜻을 갖게 되었어.

 '형(形)'이 사용된 낱말 중 다음 뜻에 알맞은 낱말을 써 보세요.

형체 形體

형성 形成

形
모양 형

형상 形象

성형 成形

1 물건의 생긴 모양이나 상태를 말해요. → ☐

2 물건의 생김새나 몸체를 의미해요. → ☐

3 물체가 어떤 상태를 이루는 것을 의미해요. → ☐

4 모양을 만드는 것을 의미해요. → ☐

'성(成)'이 사용된 낱말 중 다음 뜻에 알맞은 낱말을 써 보세요.

성장 成長

성공 成功

成
이룰 성

성숙 成熟

완성 完成

5 목적하는 것을 이루는 것을 의미해요. → ☐

6 몸과 마음이 자라서 어른스러워진다는 의미예요. → ☐

7 사람이나 동식물 따위가 자라서 점점 커지는 것을 말해요. → ☐

8 완전히 다 이룬다는 의미예요. → ☐

1 다음 문장의 빈칸에 들어갈 알맞은 낱말을 찾아 색칠해 보세요.

(1) 인생에는   도 있고, 실패도 있는 법이다.

성공　　　　　　성장

(2) 주름살을 없애기 위해   외과를 찾았다.

성형　　　　　　형성

2 다음 문장에 어울리는 낱말을 골라 ○표 하세요.

(1) 역 주변에 새로운 쇼핑 거리가 (형상 / 형성)되었다.

(2) 좋은 비료를 주었더니 토마토가 튼튼하게 (성장 / 성숙)하였다.

(3) 작가는 작품의 (완성 / 형성)을 보지 못하고 세상을 떠났다.

(4) 나무가 (형체 / 성형)도 알아볼 수 없게 불에 타 버렸다.

3 다음 낱말을 넣어 그림에 어울리는 문장을 써 보세요.

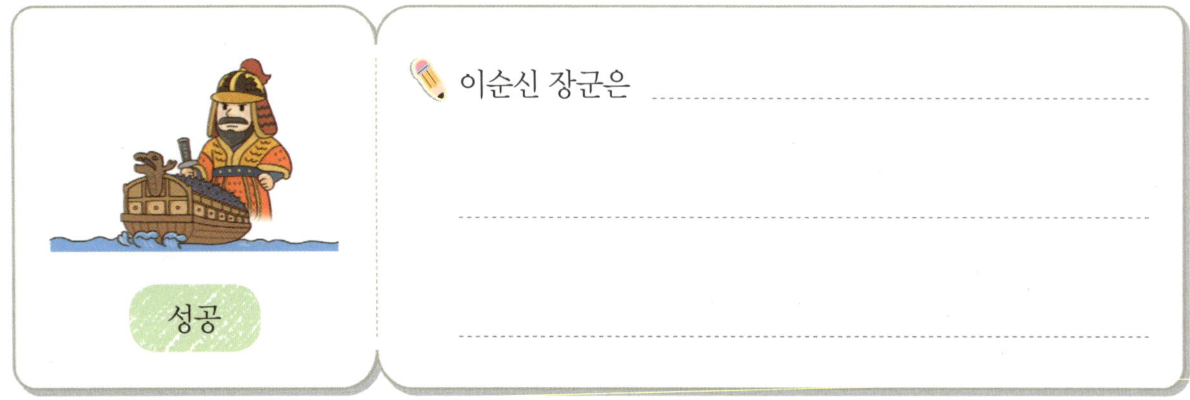

📖 다음 글을 읽고 문제를 풀어 보세요.

> 4단계 열매 · 생활 04
>
> 　유리의 취미는 로봇 조립입니다. 유리는 며칠 전부터 로봇 ㉠물건의 생김새나 몸체를 만들었습니다. 부품을 조립하는 것이 쉽지 않았지만 드디어 로봇 조립을 ㉡완전히 다 이루었습니다. 다음에는 원하는 대로 직접 로봇의 ㉢모양을 만드는 것에 도전할 생각입니다. 부모님께서는 멋진 로봇 조립의 성공을 축하해 주셨습니다.
>
> 　그런데 주말에 집에 놀러 온 사촌 동생이 유리의 로봇을 갖고 싶다고 떼를 썼습니다. 유리는 다른 로봇을 조립해서 사촌 동생에게 선물로 주었습니다. 사촌 동생은 고맙다고 인사를 했고, 부모님께서는 유리가 성숙하였다며 칭찬하셨습니다.

1　윗글의 ㉠~㉢의 뜻을 가진 낱말을 써 보세요.

(1)　㉠: ________　　(2)　㉡: ________　　(3)　㉢: ________

2　윗글의 내용으로 알맞은 것은 ○표, 알맞지 <u>않은</u> 것은 ×표에 동그라미 하세요.

(1)　유리는 로봇을 조립하는 취미가 있다.　　　　　　　　　　(○ ┊ ×)

(2)　유리는 로봇을 조립하는 것을 잘해 하루만에 완성하였다.　　(○ ┊ ×)

(3)　유리는 사촌 동생에게 다른 로봇을 조립해 주었다.　　　　　(○ ┊ ×)

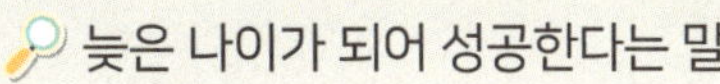

한자성어

大 器 晩 成
클 대　그릇 기　늦을 만　이룰 성

🔍 늦은 나이가 되어 성공한다는 말

他 다를 타 / 者 놈 자

他

한자능력 5급

뜻 **소리**

다를 타

他	亻	
다를 타	다를 타	

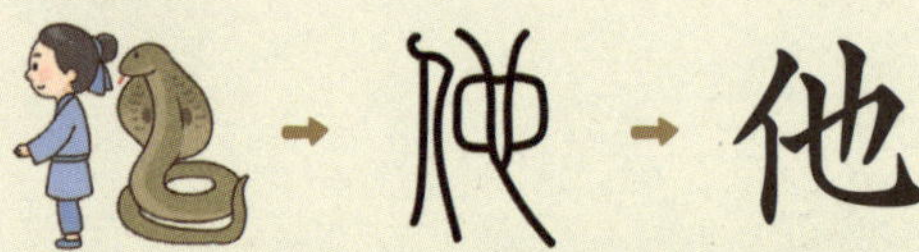

유래

💡 他는 뱀의 형상을 본뜬 它(다를 타)에 사람을 더해 '다른 사람'이라는 뜻으로 만들어진 글자야. 그런데 它와 也(어조사 야)가 혼동되어 지금은 也가 들어간 글자가 '다르다'라는 뜻으로 쓰이고 있어.

者

한자능력 6급

뜻 **소리**

놈 자

者	耂	
놈 자	놈 자	

유래

💡 者는 사탕수수에서 떨어지는 즙을 받아먹고 있는 모습을 그린 한자야. 원래는 사탕수수를 뜻했지만, '놈'을 지칭하는 뜻으로 바뀌었어.

'타(他)'가 사용된 낱말 중 다음 뜻에 알맞은 낱말을 써 보세요.

1 다른 사람을 말해요. →

2 남의 회사를 말해요. →

3 현재 거래하는 은행 말고 다른 은행을 말해요. →

4 자기 외의 사람을 말해요. →

'자(者)'가 사용된 낱말 중 다음 뜻에 알맞은 낱말을 써 보세요.

5 신문, 방송 등에 실을 기사를 취재하는 사람을 말해요. →

6 이야기를 하는 사람을 말해요. →

7 생명, 재산 등을 침해 또는 위협을 받은 사람을 가리켜요. →

8 책이나 글을 쓴 사람을 의미해요. →

1 다음 문장의 빈칸에 들어갈 알맞은 낱말을 찾아 선으로 이어 보세요.

(1) 유미는 마이크를 들고 이야기의 (   )로 무대에 등장하였다.

(2) 이 책은 (   )의 경험을 그대로 쓴 것이다.

(3) 공공장소에서 (   )에게 피해를 주어서는 안 된다.

· 저자

· 화자

· 타인

2 다음 문장에 어울리는 낱말을 골라 ○표 하세요.

(1) 서현이는 자기 회사보다 (타석 / 타사)의 광고가 훌륭하다고 생각하였다.

(2) 지우는 (타행 / 타원)으로 돈을 보내려고 은행에 갔다.

(3) 연호는 호랑이가 (화자 / 화채)로 등장하여 이야기를 들려 주는 연극을 보았다.

3 다음 낱말을 넣어 그림에 어울리는 문장을 써 보세요.

✏️ 영서는 뉴스를 취재하고 보도하는 ___________

____

____

3단계 글로 익히기

📖 다음 글을 읽고 문제를 풀어 보세요.

아빠는 ㉠신문, 방송 등에 실을 기사를 취재하는 사람이에요. 엄마는 ㉡생명, 재산 등을 침해 또는 위협을 받은 사람을 도와주는 일을 하는 변호사예요. 아빠와 엄마는 모두 ㉢다른 사람을 위한 일을 하세요. 나는 저자가 되어 책을 만드는 일을 하고 싶어요. 타자의 마음을 위로하고 감동을 줄 수 있는 글을 쓰고 싶어요.

어느 날, 나는 아빠와 엄마가 일하는 회사에 갔어요. 두 회사는 분위기가 많이 달랐어요. 서로 다른 일을 하는 타사를 구경하는 것은 꽤 재미있는 일이었어요. 아빠와 엄마가 나를 위해 열심히 일하시는 모습을 언젠가 글로 쓰고 싶다는 생각을 하였어요.

1 윗글의 ㉠~㉢의 뜻을 가진 낱말을 써 보세요.

(1) ㉠: [   ]   (2) ㉡: [   ]   (3) ㉢: [   ]

2 다음 문장의 빈칸에 들어갈 알맞은 낱말을 찾아 선으로 이어 보세요.

(1) (   )은/는 말을 하는 사람이다.   •   • 타행

(2) 은행에서 돈을 (   )에 보냈다.   •   • 화자

한자성어

會 者 定 離
모일 회 놈 자 정할 정 떠날 리

🔍 만나면 언젠가는 헤어지게 된다는 말

공부한 날 월 일

用

=

消

뜻 소리
쓸 용

뜻 소리
사라질 소

用	几	
쓸 용	쓸 용	

消	氵	
사라질 소	사라질 소	

유래

→ 用 → 用

💡 用은 나무로 만든 통을 그린 한자야. 원래는 나무통을 뜻하다가 '쓰다'라는 뜻으로 바뀌었어.

유래

→ 消 → 消

💡 消는 물이 작게 부서져 수증기로 변하며 사라진다는 뜻이야. '약해지다'나 '쇠하다'라는 뜻도 있어.

 '용(用)'이 사용된 낱말 중 다음 뜻에 알맞은 낱말을 써 보세요.

1 목적이나 기능에 맞게 쓰는 것을 말해요. →

2 보람 있게 쓰이는 것을 의미해요. →

3 쓰이는 방법 또는 쓰이는 곳을 의미해요. →

4 쓸 곳 또는 쓰이는 바를 의미해요. →

'소(消)'가 사용된 낱말 중 다음 뜻에 알맞은 낱말을 써 보세요.

5 어려운 일이나 문제를 해결하여 없애는 것을 의미해요. →

6 사라져 없어지는 것을 말해요. →

7 지워 없애는 것을 말해요. →

8 멀리 떨어져 있는 사람의 사정을 알리는 글이나 말을 의미해요. →

1 '용(用)'과 '소(消)'가 들어간 **보기**의 낱말 중 빈칸에 알맞은 낱말을 골라 써 보세요.

보기

소식　　　　　소용　　　　　효용

(1) 그 물건은 낡아서 더 이상 [ ]이 없었다.

(2) 오랫동안 [ ]이 끊겼던 친구에게서 연락이 왔다.

(3) 그 쇠붙이는 산업적으로 여러 [ ]을 가진다.

2 다음 문장에 어울리는 낱말을 골라 ○표 하세요.

(1) 피로의 (해소 / 소거)에 도움이 되는 운동을 알아보았다.

(2) 건물은 (채용 / 사용) 목적에 따라 다양한 종류가 있다.

(3) 깨끗한 교실을 위해서 벽에 있는 낙서를 (소거 / 소식)하였다.

(4) 회비를 내지 않아 회원 자격이 (해소 / 소멸)되었다.

쓰기 활동

3 다음 낱말을 넣어 그림에 어울리는 문장을 써 보세요.

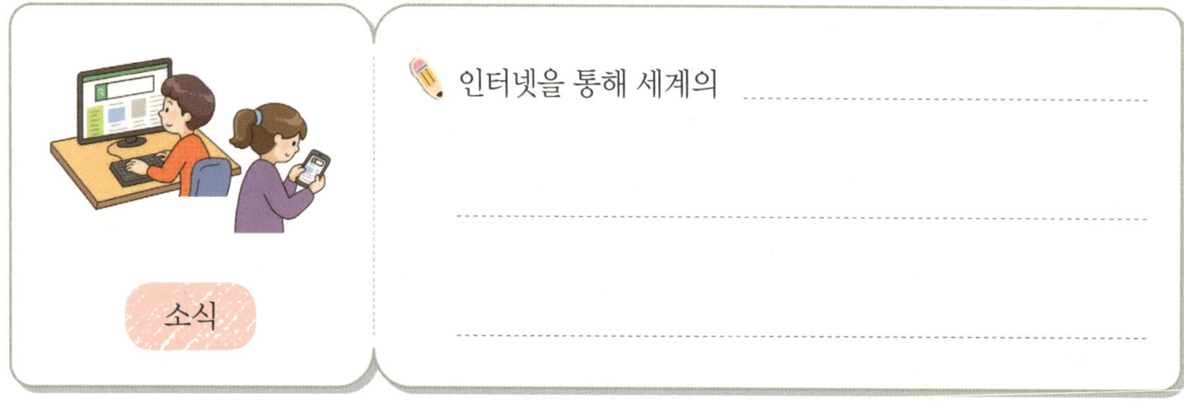

✏️ 인터넷을 통해 세계의 ____________________

____

____

📖 다음 글을 읽고 문제를 풀어 보세요.

우리 마을 뒷산이 개발되면서 개구리가 ㉠사라져 없어지게 되었습니다. 마을 사람들은 이를 ㉡어려운 일이나 문제를 해결하여 없애기 위해 모였습니다. 사람들은 뒷산에 골프장을 만들려던 ㉢쓰이는 방법을 바꾸어 사용하기로 했습니다. 그래서 마을 사람들은 뒷산을 생태 공원으로 만들기로 했습니다.

자연의 효용 가치를 높이는 것도 중요하지만 그보다는 자연을 보호하는 것이 더 중요하다고 생각합니다. 생태 공원이 만들어진 후에 뒷산에 사는 개구리의 수가 더 늘어났다는 기분 좋은 소식이 들려왔습니다.

1 윗글의 ㉠~㉢의 뜻을 가진 낱말을 써 보세요.

(1) ㉠: [   ]　　　(2) ㉡: [   ]　　　(3) ㉢: [   ]

2 윗글의 내용으로 알맞은 것은 ○표, 알맞지 않은 것은 ✕표에 동그라미 하세요.

(1) 우리 마을 뒷산에 골프장이 만들어졌다. 　　　　　　　　(○ ┊ ✕)

(2) 마을 사람들은 마을 뒷산을 생태 공원으로 만들었다. 　　(○ ┊ ✕)

(3) 생태 공원이 된 우리 마을 뒷산에는 개구리가 많아졌다. 　(○ ┊ ✕)

한자성어

用 意 周 到
쓸 용　　뜻 의　　두루 주　　이를 도

🔍 어떤 일이든 준비가 완벽하여 실수가 없다는 말

붙임딱지

한자능력 준5급

任

뜻 **소리**

맡길 임

任	亻	
맡길 임	맡길 임	

➕

한자능력 7급

命

뜻 **소리**

목숨 명

命	令	
목숨 명	목숨 명	

유래

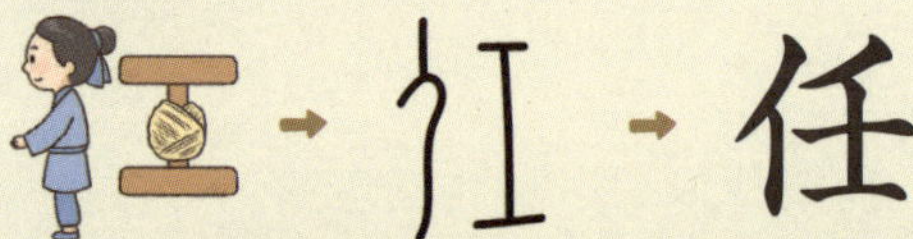

💡 任은 사람이 등에 실을 묶어 보관하는 도구를 짊어 지고 있는 모습을 그린 한자야. 등에 무엇을 짊어진 모습으로 '맡기다'나 '맡다'라는 뜻을 표현한 거야.

유래

💡 命은 대궐 지붕 아래에 무릎을 꿇고 앉아 있는 사람 이 명령을 내리는 모습을 그린 한자야. '명령'이라는 뜻 외에도 '목숨'이나 '생명'이라는 뜻이 생겼어.

 '임(任)'이 사용된 낱말 중 다음 뜻에 알맞은 낱말을 써 보세요.

임명 任命 소임 所任

任
맡길 임

책임 責任 임무 任務

1 맡아서 해야 할 일이나 의무를 말해요. →

2 일정한 지위나 일을 맡긴다는 의미예요. →

3 맡은 일이나 맡겨진 일을 말해요. →

4 맡은 직책이나 맡겨진 일을 의미해요. →

'명(命)'이 사용된 낱말 중 다음 뜻에 알맞은 낱말을 써 보세요.

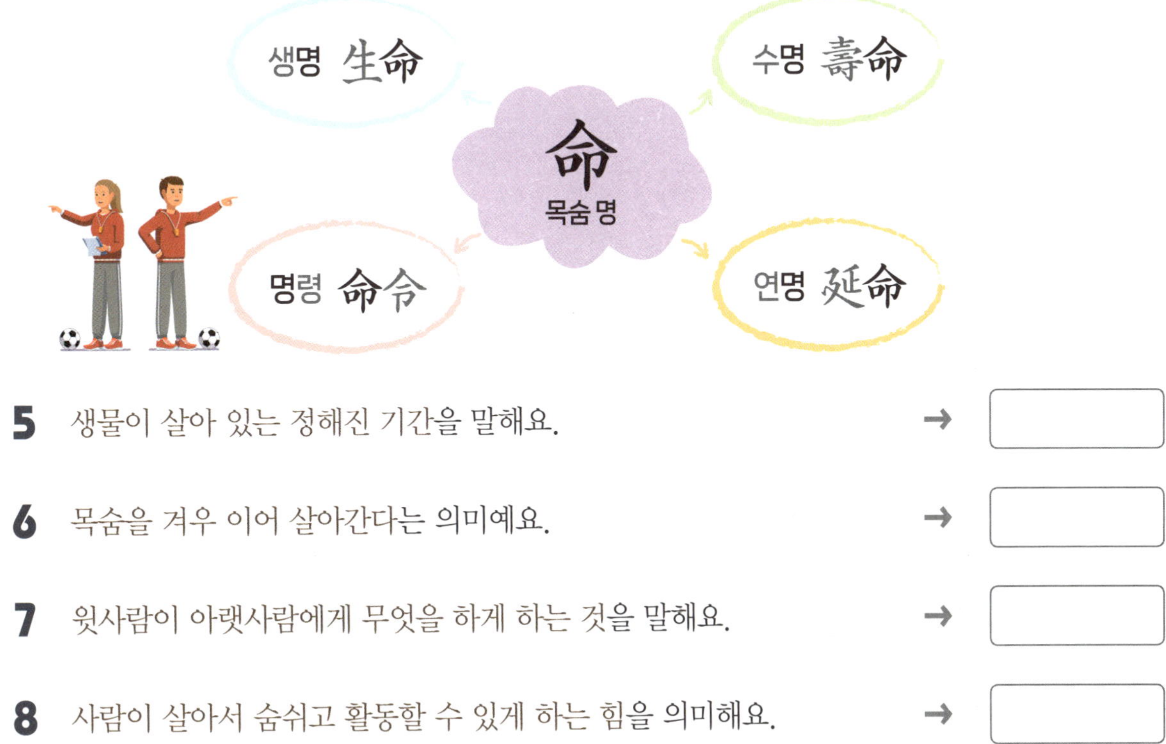

생명 生命 수명 壽命

命
목숨 명

명령 命令 연명 延命

5 생물이 살아 있는 정해진 기간을 말해요. →

6 목숨을 겨우 이어 살아간다는 의미예요. →

7 윗사람이 아랫사람에게 무엇을 하게 하는 것을 말해요. →

8 사람이 살아서 숨쉬고 활동할 수 있게 하는 힘을 의미해요. →

1 다음 문장의 빈칸에 들어갈 알맞은 낱말을 찾아 색칠해 보세요.

(1) 대통령은 국무총리를 [   ]하였다.

명령   임명

(2) 지나친 흡연은 [   ]을 단축시킨다.

연명   수명

2 다음 문장에 어울리는 낱말을 골라 ○표 하세요.

(1) 나는 이 문제에 아무 (소임 / 책임)이 없다.

(2) 나연이는 반장으로서 (임무 / 임명)을/를 충실히 해냈다.

(3) 군인들은 우리 땅을 지키라는 (명령 / 임명)을 받았다.

(4) 형광등이 (수명 / 생명)이 다했는지 계속 깜박거린다.

쓰기 활동

3 다음 낱말을 넣어 그림에 어울리는 문장을 써 보세요.

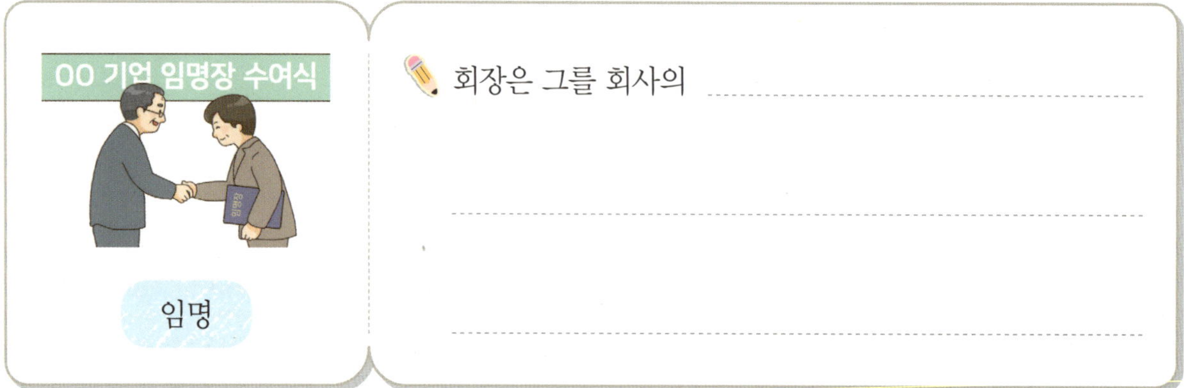

3단계 글로 익히기

다음 글을 읽고 문제를 풀어 보세요.

> 우리 반 아이들은 나에게 학급 회장의 ㉠일정한 지위나 일을 맡겼다. 나는 ㉡맡은 일이나 맡겨진 일을 열심히 하였다. 학급 회장이 해야 할 일은 매우 많았다. 나는 친구들에게 도와달라고 부탁했지만, ㉢윗사람이 아랫사람에게 무엇을 하게 하는 것은 하지 않았다.
>
> 친구들의 도움을 받아 나는 학급 회장의 역할을 책임 있게 할 수 있었다. 나는 친구들과 함께 체육 대회를 하고, 합창 대회에도 참가하였다. 친구들은 나에게 믿음직한 회장이라고 칭찬해 주었다.

1 윗글의 ㉠~㉢의 뜻을 가진 낱말을 써 보세요.

(1) ㉠: ________   (2) ㉡: ________   (3) ㉢: ________

2 다음 문장의 빈칸에 들어갈 알맞은 낱말을 찾아 선으로 이어 보세요.

(1) 그는 ( )을/를 열심히 끝냈다.   ·

· 소임

(2) 하루살이는 ( )이/가 짧다.   ·

· 수명

한자성어

見 危 授 命
볼 견　위태할 위　줄 수　목숨 명

🔍 나라의 위태로운 모습을 보고 목숨을 바친다는 말

한자 놀이

소리에 알맞은 한자를 찾아 길을 따라가며 동그라미 하세요.

상태

01	同 한가지 동 / 共 한가지 공	동일 동등 협동 회동 / 공통 공공 공용 공생
02	急 급할 급 / 速 빠를 속	급속 다급 급행 급성 / 속력 속성 쾌속 가속
03	全 온전할 전 / 完 완전할 완	온전 전체 보전 전국 / 완전 완료 완수 미완
04	高 높을 고 / 卓 높을 탁	고상 고성 고고 고도 / 탁자 탁월 원탁 탁상
05	失 잃을 실 / 敗 패할 패	실수 실격 상실 실명 / 패배 실패 완패 불패
06	光 빛 광 / 明 밝을 명	광명 광속 섬광 광년 / 명백 명료 분명 여명
07	結 맺을 결 / 果 실과 과	결실 결론 종결 결과 / 과감 과실 과연 과수원

同

뜻 · 소리

한가지 동

同	冂	
한가지 동	한가지 동	

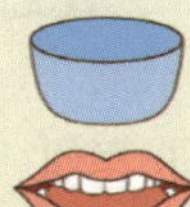

유래

同은 큰 그릇을 그린 것에 口(입 구)를 더한 한자로, '모두가 말을 하다' 즉, '이야기를 함께 나누다'라는 뜻이야.

共

뜻 · 소리

한가지 공

共	共	
한가지 공	한가지 공	

유래

共은 네모난 상자를 받들고 있는 모습을 그린 한자로, 제기 그릇을 공손히 들고 가는 모습을 표현한 거야. '공손하다'나 '정중하다', '함께'라는 뜻을 나타내.

🔍 '동(同)'이 사용된 낱말 중 다음 뜻에 알맞은 낱말을 써 보세요.

동일 同一

동등 同等

同
한가지 동

협동 協同

회동 會同

1 등급이나 입장이 같다는 뜻이에요. →

2 둘 이상이 서로 꼭 같다는 의미예요. →

3 일정한 목적으로 여러 사람이 한곳에 모이는 것을 말해요. →

4 힘과 마음을 함께 합하는 것을 의미해요. →

🚩 '공(共)'이 사용된 낱말 중 다음 뜻에 알맞은 낱말을 써 보세요.

공통 共通

공공 公共

共
한가지 공

공용 共用

공생 共生

5 함께 쓴다는 의미예요. →

6 서로 도우며 함께 사는 것을 말해요. →

7 둘 이상의 사이에 두루 통하고 관계된 것을 말해요. →

8 국가나 사회에 두루 관계되는 것을 의미해요. →

1 다음 문장의 빈칸에 들어갈 알맞은 낱말을 찾아 선으로 이어 보세요.

(1) 세호는 (   ) 물품을 구입하는 일을 맡았다.

(2) 그 도시에는 (   ) 도서관이 많이 있다.

(3) 나와 동생은 (   )하게 용돈을 받았다.

- 동등
- 공용
- 공공

2 다음 문장에 어울리는 낱말을 골라 ○표 하세요.

(1) (동일 / 공생) 사건에 대해 두 전문가의 해석은 달랐다.

(2) 이 문제를 의논하기 위해 대표들이 회관에서 (협동 / 회동)하였다.

(3) 악어와 악어새는 (공통 / 공생) 관계에 있다.

3 다음 낱말을 넣어 그림에 어울리는 문장을 써 보세요.

다음 글을 읽고 문제를 풀어 보세요.

학교 운동장과 화장실은 여러 사람이 ㉠함께 쓰는 장소입니다. 그러므로 우리는 이 장소를 사용할 때 깨끗하게 사용하기 위해 ㉡힘과 마음을 함께 합해야 합니다.

어느 날 나와 친구들은 학교 운동장에 쓰레기가 잔뜩 버려져 있는 것을 보았습니다. 친구는 쓰레기를 버린 사람이 나쁘다며 치우지 말자고 했습니다. 하지만 나는 우리는 모두 우리 학교의 학생이라는 점에서 ㉢등급이나 입장이 같다고 말하며 함께 청소하자고 했습니다. 우리가 다같이 청소를 하니 운동장은 금방 깨끗해졌습니다. 함께 살아가는 우리 모두는 공생해야 합니다.

1 윗글의 ㉠~㉢의 뜻을 가진 낱말을 써 보세요.

(1) ㉠:　　　　　　　(2) ㉡:　　　　　　　(3) ㉢:

2 윗글의 내용으로 알맞은 것은 ○표, 알맞지 <u>않은</u> 것은 ×표에 동그라미 하세요.

(1) '나'와 친구들은 운동장에 쓰레기가 버려진 모습을 보았다. 　(○ ┊ ×)

(2) '나'는 쓰레기를 버린 사람이 나쁘다며 치우지 말자고 말했다. 　(○ ┊ ×)

(3) '나'와 친구들은 힘을 합쳐 운동장을 깨끗하게 청소하였다. 　(○ ┊ ×)

한자성어

同	苦	同	樂
한가지 동	쓸 고	한가지 동	즐길 락

🔍 같이 고생하고 같이 즐긴다는 말

공부한 날
월   일

한자능력 준6급

急

뜻	소리

급할 급

急	急	
급할 급	급할 급	

한자능력 6급

速

뜻	소리

빠를 속

速	束	
빠를 속	빠를 속	

유래

 → 忌 → 急

💡 急은 사람을 뒤에서 붙잡는 모습을 그린 한자야. 떠나는 사람을 붙잡고 싶은 초조한 마음을 뜻해.

유래

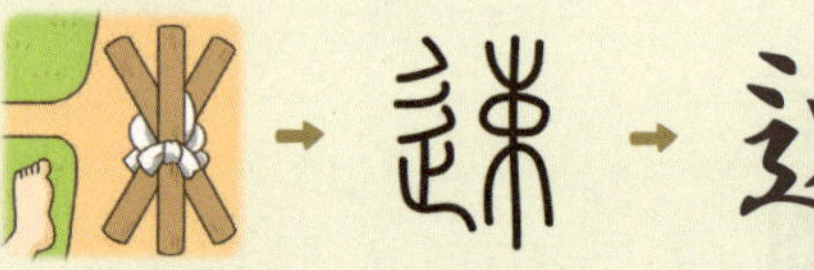 → 逮 → 速

💡 速은 나뭇단을 묶어 놓은 모습을 그린 한자로, 나뭇단을 단단히 묶어 놓은 모습을 그린 束(묶을 속)을 응용해 발목의 고름을 단단히 조였음을 표현한 거야.

'급(急)'이 사용된 낱말 중 다음 뜻에 알맞은 낱말을 써 보세요.

급속 急速 다급 多急

急
급할 급

급행 急行 급성 急性

1 급히 가는 것 또는 빠른 열차를 의미해요. → ☐

2 급하고 빠르다는 의미예요. → ☐

3 병의 증세가 갑자기 나타나고 빠르게 진행되는 것을 말해요. → ☐

4 일이 가까이 닥쳐서 매우 급하다는 뜻이에요. → ☐

'속(速)'이 사용된 낱말 중 다음 뜻에 알맞은 낱말을 써 보세요.

속력 速力 속성 速成

速
빠를 속

쾌속 快速 가속 加速

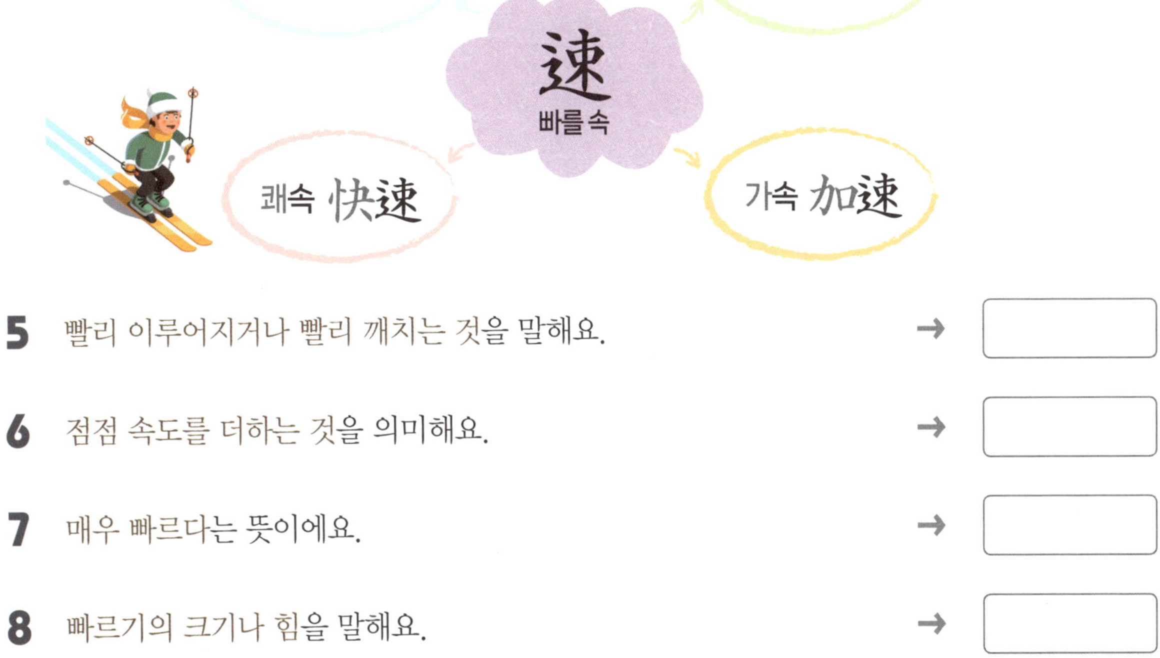

5 빨리 이루어지거나 빨리 깨치는 것을 말해요. → ☐

6 점점 속도를 더하는 것을 의미해요. → ☐

7 매우 빠르다는 뜻이에요. → ☐

8 빠르기의 크기나 힘을 말해요. → ☐

1 '급(急)'과 '속(速)'이 들어간 **보기**의 낱말 중 빈칸에 알맞은 낱말을 골라 써 보세요.

보기

급행   급속   쾌속

(1) 자전거는 큰길로 나오자마자 [ ]으로 달리기 시작했다.

(2) 이 회사는 세운 지 1년만에 [ ]한 성장을 이루었다.

(3) 지금 들어오는 열차는 [ ]이라 이 역에서는 서지 않는다.

2 다음 문장에 어울리는 낱말을 골라 ○표 하세요.

(1) 워낙 상황이 (급속 / 다급)해서 불고체면으로 부탁한다.

(2) 그 병은 (급성 / 급행)과 만성으로 구분한다.

(3) 나는 프랑스어를 (속력 / 속성)으로 배웠다.

(4) 수레는 내리막길에서 (가속 / 쾌속)이 붙어 무섭게 달렸다.

3 다음 낱말을 넣어 그림에 어울리는 문장을 써 보세요.

다음 글을 읽고 문제를 풀어 보세요.

　나는 새로 생긴 ㉠빠른 열차를 타고 놀이동산에 갔다. 늦잠을 자는 바람에 ㉡일이 가까이 닥쳐서 매우 급하게 집에서 뛰어나갔다. 다행히 늦지 않게 친구들을 만날 수 있었다.
　놀이동산에 도착한 우리는 가장 먼저 속력이 ㉢매우 빠른 놀이기구를 탔다. 조금 무서웠지만 시원한 바람을 맞으니 재미있었다. 롤러코스터는 점점 가속을 하더니 빠른 속도로 달려갔다. 친구는 롤러코스터가 너무 무섭다며 울었다. 그래도 우리는 또 함께 놀이동산에 놀러 오기로 약속하였다.

1 윗글의 ㉠~㉢의 뜻을 가진 낱말을 써 보세요.

(1) ㉠: [　　　　]　　　(2) ㉡: [　　　　]　　　(3) ㉢: [　　　　]

2 다음 문장의 빈칸에 들어갈 알맞은 낱말을 찾아 선으로 이어 보세요.

(1) 동생은 (　　　　) 폐렴에 걸렸다.　　　　　• 　　　• 급성

(2) 유진이는 (　　　　)으로 수영을 배웠다.　　　• 　　　• 속성

한자성어

速 戰 速 決
빠를 속　싸움 전　빠를 속　결단할 결

🔍 싸움을 오래 끌지 않고 될 수 있는 대로 재빨리 싸워 끝낸다는 말

全 온전할 전 / 完 완전할 완

全

뜻   소리

온전할 전

온전할 전	온전할 전	

完

뜻   소리

완전할 완

완전할 완	완전할 완	

유래

全은 무언가를 끼워 맞추는 모습에 玉(옥 옥)을 더해 옥을 매입한다는 뜻으로 만들어졌어. 따라서 '온전하다'라는 것은 '흠이 없다'라는 뜻이야.

유래

完은 본래 집짓기를 끝마쳤다는 것을 뜻하는 글자였어. 집을 잘 지었다는 것은 공사가 마무리되었음을 뜻하므로, '끝내다'나 '일을 완결 짓다'라는 뜻도 갖게 되었어.

🔍 '전(全)'이 사용된 낱말 중 다음 뜻에 알맞은 낱말을 써 보세요.

온전 穩全

전체 全體

全
온전할 전

보전 保全

전국 全國

1 온 나라를 말해요. →

2 본바탕 그대로를 가리키는 말이에요. →

3 고스란히 보호하여 유지하는 것을 말해요. →

4 개별이 아닌 모두를 가리키는 말이에요. →

🚩 '완(完)'이 사용된 낱말 중 다음 뜻에 알맞은 낱말을 써 보세요.

완전 完全

완료 完了

完
완전할 완

완수 完遂

미완 未完

5 완전히 끝마치는 것을 의미해요. →

6 필요한 것이 모두 있어서 모자라거나 흠이 없다는 의미예요. →

7 아직 덜 되었다는 말이에요. →

8 뜻한 바를 모두 해냈다는 뜻이에요. →

1 다음 문장의 빈칸에 들어갈 알맞은 낱말을 찾아 색칠해 보세요.

(1) 후손을 위해 환경을 ⬚ 하는 데 힘써야 한다.

　　　온전　　　　　　보전

(2) 인공 지능 컴퓨터가 ⬚ 의 베토벤 열 번째 교향곡을 대신 완성한다.

　　　완수　　　　　　미완

2 다음 문장에 어울리는 낱말을 골라 ○표 하세요.

(1) 끝날 것 같지 않던 퍼즐 맞추기를 드디어 (완료 / 미완)하였다.

(2) 선거 공약을 (완수 / 완주)하기 위해 끝까지 노력하였다.

(3) 미술 작품을 (보전 / 온전)하게 배달하였다.

(4) 가뭄으로 마을 (전국 / 전체)에 흉작이 들었다.

3 다음 낱말을 넣어 그림에 어울리는 문장을 써 보세요.

📖 다음 글을 읽고 문제를 풀어 보세요.

우리 가족은 방학을 맞아 ⊙온 나라를 여행하기로 했다. 경주에 간 우리 가족은 천 년 전에 지어졌다는 불국사가 지금까지 ⓒ고스란히 보호하여 유지되는 것이 신기하였다. 불국사에는 다보탑과 석가탑이라는 멋진 탑이 두 개나 있었다.

나는 이렇게 멋진 건물 짓기를 완료하는 데 얼마나 많은 사람의 노력이 들어갔을까 상상해 보았다. 그리고 신라 시대에 불국사처럼 완전한 건물을 지은 신라 사람들의 능력이 대단하다고 여겨졌다. 나는 불국사가 ⓒ본바탕 그대로 오랫동안 남아 있었으면 좋겠다고 생각하였다.

1 윗글의 ⊙~ⓒ의 뜻을 가진 낱말을 써 보세요.

(1) ⊙: ⬚⬚⬚⬚⬚⬚⬚⬚⬚⬚

(2) ⓒ: ⬚⬚⬚⬚⬚⬚⬚⬚⬚⬚

(3) ⓒ: ⬚⬚⬚⬚⬚⬚⬚⬚⬚⬚

2 윗글의 내용으로 알맞은 것은 ○표, 알맞지 <u>않은</u> 것은 ×표에 동그라미 하세요.

(1) '나'는 가족과 함께 경주에서 불국사에 갔다. (○ ┆ ×)

(2) 다보탑과 석가탑은 불국사에 있는 다리이다. (○ ┆ ×)

(3) '나'는 불국사가 오랫동안 보전되기를 바랐다. (○ ┆ ×)

한자성어

全 知 全 能

온전할 전　　알 지　　온전할 전　　능할 능

🔍 어떤 일이든 다 알고 행동하는 능력을 이르는 말

공부한 날
월 일

한자능력 준6급

高

뜻 | 소리
높을 | 고

高	高	
높을 고	높을 고	

유래

高는 높게 지어진 누각, 성의 망루나 종을 쳐서 시간을 알리던 종각을 그린 한자야. '높다'라는 뜻과 높은 것에 비유해 '뛰어나다'나 '고상하다', '크다'와 같은 뜻도 있어.

한자능력 5급

卓

뜻 | 소리
높을 | 탁

卓	卜	
높을 탁	높을 탁	

유래

卓은 새가 높은 곳에 있어 잡지 못하는 모습을 그린 한자야. 새가 하늘 높이 있다는 의미에서 '높다'나 '멀다', '높이 세우다'라는 뜻을 갖게 되었어.

'고(高)'가 사용된 낱말 중 다음 뜻에 알맞은 낱말을 써 보세요.

고상 高尚

고성 高聲

高
높을 고

고고 孤高

고도 高度

1 세상일에 초연한 모습을 말해요. → ☐

2 품위나 수준이 높고 훌륭한 것을 의미해요. → ☐

3 크고 높은 목소리를 말해요. → ☐

4 수준이 매우 높거나 뛰어남을 의미해요. → ☐

'탁(卓)'이 사용된 낱말 중 다음 뜻에 알맞은 낱말을 써 보세요.

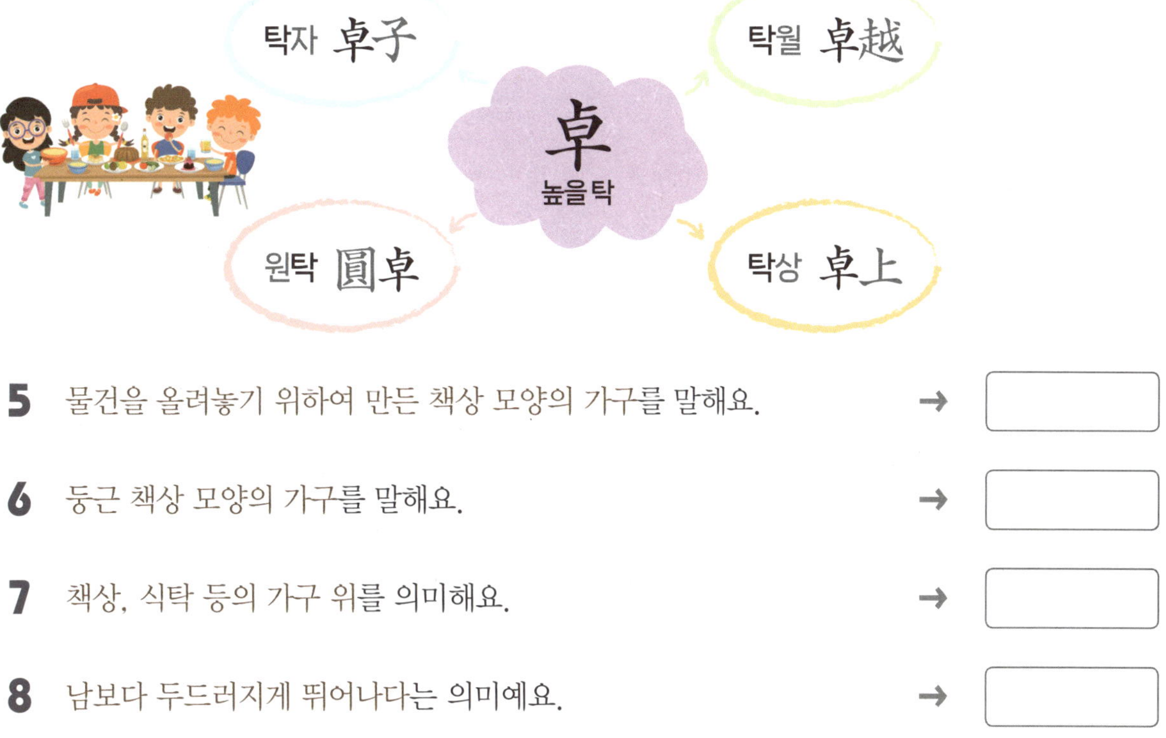

탁자 卓子

탁월 卓越

卓
높을 탁

원탁 圓卓

탁상 卓上

5 물건을 올려놓기 위하여 만든 책상 모양의 가구를 말해요. → ☐

6 둥근 책상 모양의 가구를 말해요. → ☐

7 책상, 식탁 등의 가구 위를 의미해요. → ☐

8 남보다 두드러지게 뛰어나다는 의미예요. → ☐

1 다음 문장의 빈칸에 들어갈 알맞은 낱말을 찾아 선으로 이어 보세요.

(1) 배우는 수상 소식을 듣자마자 (　　　　)을 질렀다.

고상

(2) 그분은 모든 행동을 우아하고 (　　　　)하게 했다.

원탁

(3) 우리 가족은 (　　　　)에 둘러앉아 짜장면을 먹었다.

고성

2 다음 문장에 어울리는 낱말을 골라 ○표 하세요.

(1) 아버지는 (고고 / 고도)한 선비의 모습을 지니셨다.

(2) 이 진통제는 효과가 (탁월 / 고고)하다.

(3) 나는 화분을 (탁월 / 탁상)에 두었다.

3 다음 낱말을 넣어 그림에 어울리는 문장을 써 보세요.

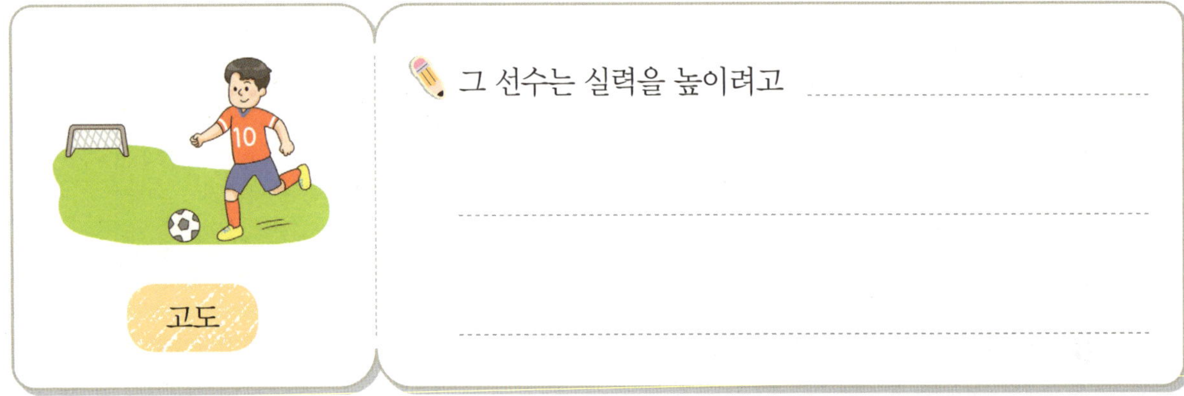

다음 글을 읽고 문제를 풀어 보세요.

> 이사를 간 우리 가족은 새로운 ㉠물건을 올려놓기 위하여 만든 책상 모양의 가구를 사기 위해 가구점에 갔다. 가구점에는 ㉡둥근 책상 모양의 가구도 있었다. 나는 ㉢크고 높은 목소리로 둥근 모양의 책상을 사고 싶다고 말했다. 하지만 부모님께서는 네모 모양의 책상을 사 주시겠다고 말씀하셨다.
>
> 나는 아주 예쁜 책상을 골랐다. 내가 고른 책상은 고도의 기술을 가진 기술자가 만든 책상이라고 하였다. 그리고 탁상 시계도 함께 샀다. 나는 새 책상에서 열심히 공부하고 책도 많이 읽어야겠다고 생각하였다.

1 윗글의 ㉠~㉢의 뜻을 가진 낱말을 써 보세요.

(1) ㉠: [   ]　　(2) ㉡: [   ]　　(3) ㉢: [   ]

2 다음 문장의 빈칸에 들어갈 알맞은 낱말을 찾아 선으로 이어 보세요.

(1) 그는 행동과 말씨가 차분하고 (   )하다.　　• 　　• 탁월

(2) 그가 그 음식을 고른 것은 매우 (   )한 선택이었다.　　• 　　• 고상

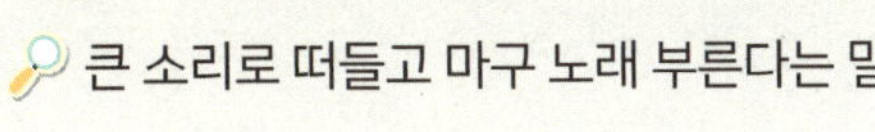

한자성어

高 聲 放 歌
높을 고　소리 성　놓을 방　노래 가

🔍 큰 소리로 떠들고 마구 노래 부른다는 말

한자능력 6급

失

뜻 **소리**

잃을 실

失	仯	
잃을 실	잃을 실	

한자능력 5급

敗

뜻 **소리**

패할 패

敗	貝	
패할 패	패할 패	

유래

💡 失은 손에서 무언가가 떨어지는 모습을 그린 한자야. 손에서 물건을 떨어뜨려 잃어버렸다는 의미에서 '잃다'라는 뜻을 나타내.

유래

💡 敗는 신에게 제사를 지낼 때 쓰는 솥을 깨부수는 모습을 그린 한자야. 신성한 솥이 깨졌다는 것은 적에게 졌다는 것을 의미해.

'실(失)'이 사용된 낱말 중 다음 뜻에 알맞은 낱말을 써 보세요.

실수 失手
실격 失格
失 잃을 실
상실 喪失
실명 失明

1 아주 없어지거나 사라진 것을 말해요. →

2 시력을 잃어 앞을 못보는 상태를 말해요. →

3 조심하지 않아서 잘못한 것을 의미해요. →

4 기준에 닿지 않거나 규칙을 위반해 자격을 잃는다는 의미예요. →

'패(敗)'가 사용된 낱말 중 다음 뜻에 알맞은 낱말을 써 보세요.

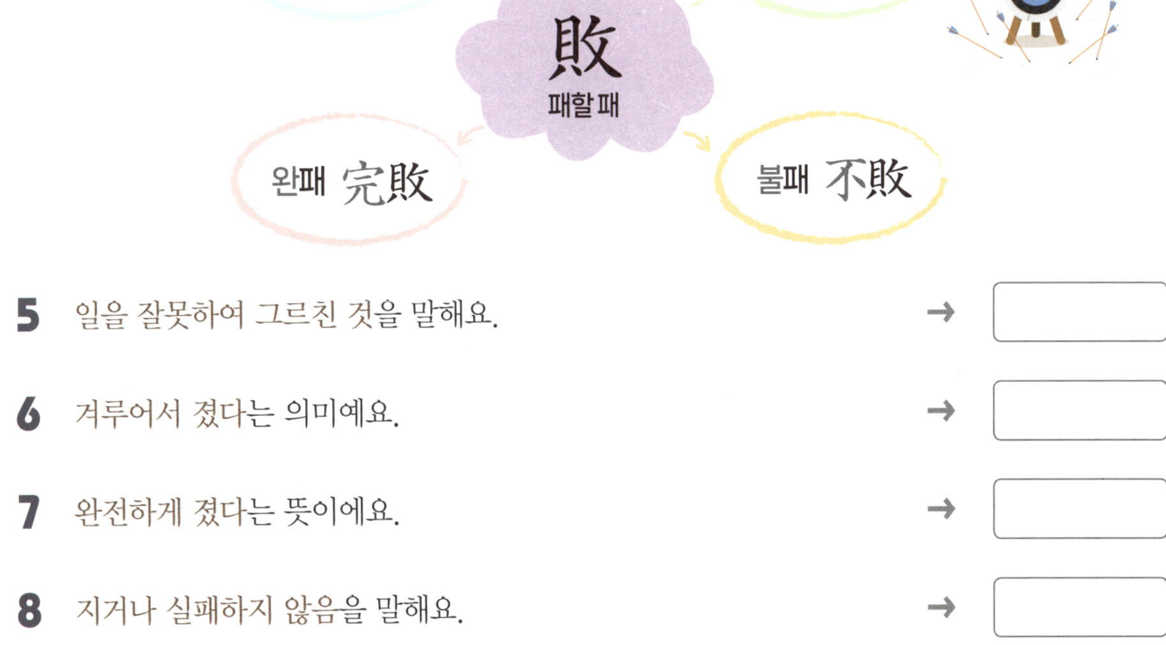

패배 敗北
실패 失敗
敗 패할 패
완패 完敗
불패 不敗

5 일을 잘못하여 그르친 것을 말해요. →

6 겨루어서 졌다는 의미예요. →

7 완전하게 졌다는 뜻이에요. →

8 지거나 실패하지 않음을 말해요. →

1 '실(失)'과 '패(敗)'가 들어간 **보기**의 낱말 중 빈칸에 알맞은 낱말을 골라 써 보세요.

보기

실격 상실 불패

(1) 그 선수는 [   ]되어 대회에 나갈 수 없었다.

(2) 친구는 살을 빼겠다는 의지를 [   ]하였다.

(3) 그는 열 번째 가게까지 성공시켜서 [   ]의 신화를 만들었다.

2 다음 문장에 어울리는 낱말을 골라 ○표 하세요.

(1) 그는 (실명 / 실력)할 위기에서 벗어났다.

(2) (실패 / 실례)하더라도 용기를 잃지 않았다.

(3) 우리 팀은 (불패 / 패배)를 극복하기 위해 열심히 연습하였다.

(4) 사회자는 손님의 이름을 바꿔 부르는 (완패 / 실수)를 하였다.

쓰기 활동

3 다음 낱말을 넣어 그림에 어울리는 문장을 써 보세요.

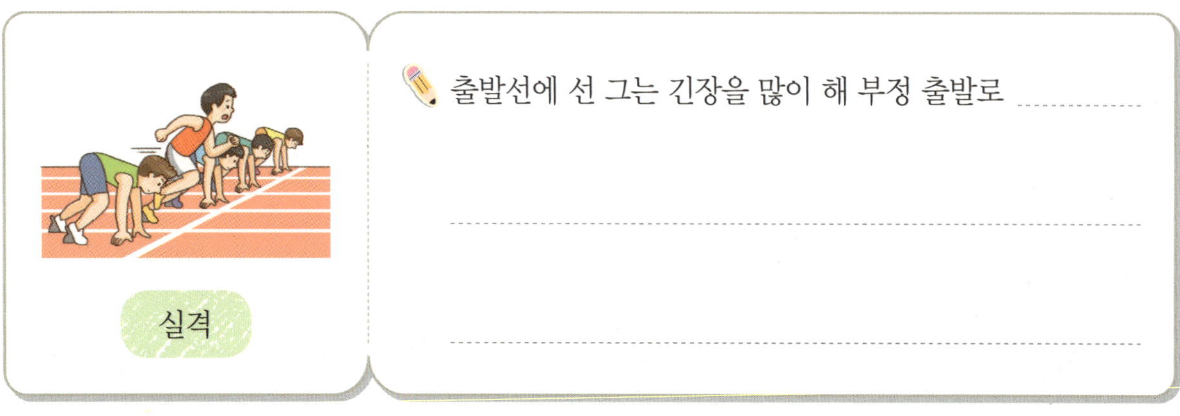

3단계 글로 익히기

📖 다음 글을 읽고 문제를 풀어 보세요.

> 　나는 우리 학교를 대표하여 양궁 대회에 나갔다. 그런데 나는 전날부터 감기에 걸려 몸이 아팠다. 그래서 중요한 마지막 화살을 ㉠조심하지 않아서 잘못하여 다른 곳으로 쏘고 말았다. 그 바람에 나는 양궁 대회에서 ㉡기준에 닿지 않아 자격을 잃었다.
>
> 　결국 우리 팀은 승부를 ㉢겨루어서 지고 말았다. 나는 친구들에게 너무 미안해서 눈물이 났다. 그런데 친구들은 나의 잘못이 아니라며 진심으로 위로해 주었다. 나는 비록 메달을 따는 데 실패하였지만, 친구들의 응원 덕분에 힘이 났다. 그리고 다음 대회에서는 불패하겠다고 결심하였다.

1 윗글의 ㉠~㉢의 뜻을 가진 낱말을 써 보세요.

(1) ㉠: ____________

(2) ㉡: ____________

(3) ㉢: ____________

2 윗글의 내용으로 알맞은 것은 ○표, 알맞지 **않은** 것은 ×표에 동그라미 하세요.

(1) '나'는 학교 대표 양궁 선수로 대회에 나갔다. 　　　　(○ ┆ ×)

(2) '나'는 지난주부터 몸이 아파서 화살을 잘못 쏘고 말았다. 　　　　(○ ┆ ×)

(3) 친구들이 나의 실수를 응원해 주자 '나'는 눈물이 났다. 　　　　(○ ┆ ×)

한자성어

敗 家 亡 身
패할 패　집 가　망할 망　몸 신

🔍 집안의 재산을 모두 쓰고 몸을 망친다는 말

공부한 날
월   일

한자능력 준6급

光

뜻   소리

빛   광

光	빛	
빛광	빛광	

光 ＝ 明

한자능력 준6급

明

뜻   소리

밝을   명

明	日	
밝을 명	밝을 명	

유래

💡 光은 사람의 머리 위에 빛이 나는 모습을 그린 한자야. 사람 주위가 매우 밝게 빛나고 있는 모습을 표현한 것으로, '빛'이나 '비추다'라는 뜻을 갖게 되었어.

유래

💡 明은 낮을 밝히는 태양과 밤을 밝히는 달을 함께 그린 한자야. 밝은 빛이 있는 곳에서는 사물의 모습이 잘 보이므로, '밝다'라는 뜻 외에도 '명료하게 드러나다'나 '하얗다', '똑똑하다'라는 뜻도 있어.

1단계 낱말 알아보기

'광(光)'이 사용된 낱말 중 다음 뜻에 알맞은 낱말을 써 보세요.

광명 光明

광속 光速

光
빛 광

섬광 閃光

광년 光年

1 빛의 속도를 말해요. →

2 천체와 천체 사이의 거리를 나타내는 단위를 의미해요. →

3 밝고 환하다는 의미로 희망이나 밝은 미래를 상징하는 말이에요. →

4 순간적으로 강렬히 번쩍이는 빛을 말해요. →

'明(명)'이 사용된 낱말 중 다음 뜻에 알맞은 낱말을 써 보세요.

명백 明白

명료 明瞭

明
밝을 명

분명 分明

여명 黎明

5 의심할 바 없이 뚜렷하다는 의미예요. →

6 뚜렷하고 분명하다는 의미예요. →

7 희미하게 날이 밝아오는 모습을 나타내는 말이에요. →

8 틀림없이 확실하다는 뜻이에요. →

1 다음 문장의 빈칸에 들어갈 알맞은 낱말을 찾아 색칠해 보세요.

(1) 아직 어두운 새벽에 등산을 하며 [   ]을 지켜보았다.

섬광   여명

(2) [   ]은 빛이 1초에 약 30만 km로 나아가는 빠르기이다.

광명   광속

2 다음 문장에 어울리는 낱말을 골라 ○표 하세요.

(1) 시간이 없으니 간단하고 (명료 / 명랑)하게 말씀해 주세요.

(2) 검사는 재판에서 (명령 / 명백)한 사실을 밝혀내었다.

(3) 떠오르는 아침 해의 (광속 / 광명)을 구경하였다.

(4) 시장에서 본 강아지는 옆집의 백구가 (분명 / 광년)하다.

3 다음 낱말을 넣어 그림에 어울리는 문장을 써 보세요.

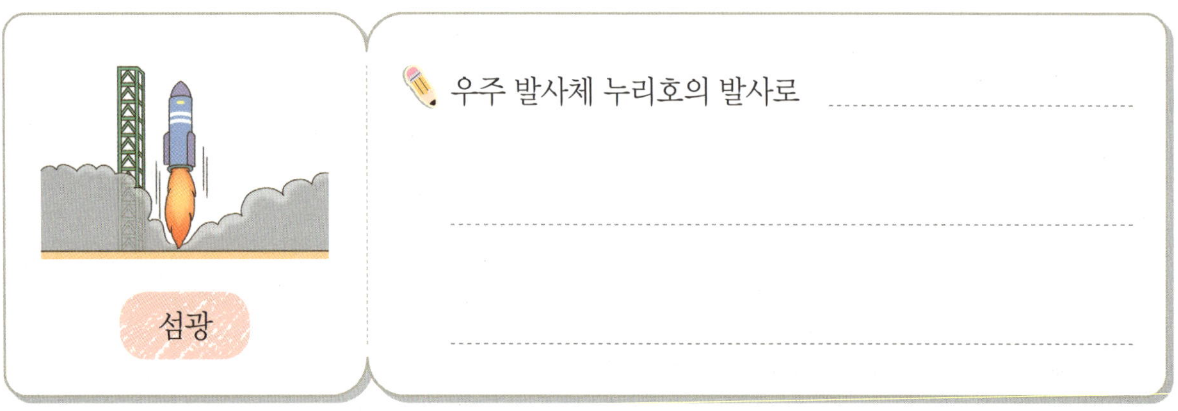

다음 글을 읽고 문제를 풀어 보세요.

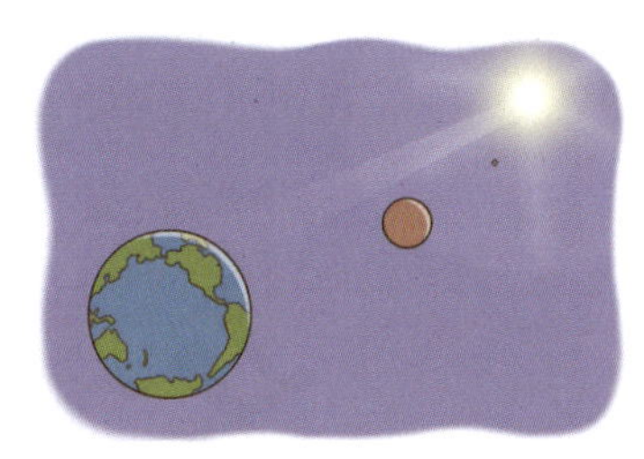

　　㉠빛의 속도는 1초에 약 30만 km이다. ㉡천체와 천체 사이의 거리를 나타내는 단위는 빛이 1초에 약 30만 km의 속도로 1년 동안 나아가는 거리로 약 4670억 7782만 km이다. 아인슈타인의 연구에 의해 빛보다 더 빠른 속도를 가진 것은 없다는 사실이 알려졌다. 빛은 단 1초 동안 지구 둘레를 7바퀴 반을 돌 수 있다고 한다. 따라서 ㉢의심할 바 없이 뚜렷하게 빛은 가장 빠른 물질이라고 할 수 있다. 따라서 현재의 기술로는 빛보다 빠른 물질은 없는 것이 분명하다. 언젠가는 빛의 속도로 날아가는 우주선을 타고 우주여행을 갈 수 있는 날이 오지 않을까?

1 윗글의 ㉠~㉢의 뜻을 가진 낱말을 써 보세요.

(1) ㉠: ☐　　　(2) ㉡: ☐　　　(3) ㉢: ☐

2 다음 문장의 빈칸에 들어갈 알맞은 낱말을 찾아 선으로 이어 보세요.

(1) 번개가 치자 (　　　　)이/가 번쩍였다.　　•　　•　명료

(2) 이 글은 결론에서 말하고자 하는 바가 (　　　　)하다.　　•　　•　섬광

한자성어

明 明 白 白
밝을 명　밝을 명　흰 백　흰 백

🔍 아주 똑똑하게 나타나 의문의 여지가 없다는 말

공부한 날　월　일

한자능력 준5급

結

뜻	소리

맺을　결

結	糸	
맺을 결	맺을 결	

유래

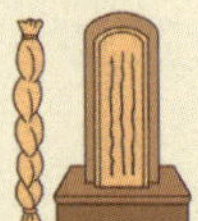

→ 結 → 結

💡 結은 실과 신전에 꽂아 두던 위패를 그린 한자야. '실이 이어지다'를 뜻하다가 '맺다'나 '모으다', '묶다'라는 뜻을 갖게 되었어.

한자능력 준6급

果

뜻	소리

실과　과

果	旦	
실과 과	실과 과	

유래

→ ⽊ → 果

💡 果는 나뭇가지 위로 열매가 맺힌 모습을 그린 한자야. 열매만 뜻하지 않고 어떠한 일의 최종 '결과'나 '결실'이라는 뜻도 있어.

 '결(結)'이 사용된 낱말 중 다음 뜻에 알맞은 낱말을 써 보세요.

결실 結實

결론 結論

結
맺을 결

종결 終結

결과 結果

1 식물의 열매나 일의 좋은 성과를 의미해요. → ☐

2 일을 끝내는 것을 말해요. → ☐

3 최종적인 판단이나 글의 끝부분을 말해요. → ☐

4 어떤 원인으로 나타난 상태를 의미해요. → ☐

'과(果)'가 사용된 낱말 중 다음 뜻에 알맞은 낱말을 써 보세요.

과감 果敢

과실 果實

果
실과 과

과연 果然

과수원 果樹園

5 사과나 배 등의 먹을 수 있는 열매를 말해요. → ☐

6 아닌 게 아니라 정말로라는 의미예요. → ☐

7 배나무, 감나무 등을 심은 밭을 말해요. → ☐

8 용감하고 거침이 없는 것을 말해요. → ☐

1 다음 문장의 빈칸에 들어갈 알맞은 낱말을 찾아 선으로 이어 보세요.

(1) 민지는 (   ) 시험에 합격할 수 있을까?

결실

(2) 그는 (   )한 도전으로 위기를 벗어나려 했다.

과연

(3) 작년에 심은 감나무에 드디어 (   )이 열렸다.

과감

2 다음 문장에 어울리는 낱말을 골라 ○표 하세요.

(1) 이 글의 약점은 (결과 / 결론)이/가 이상하다는 것이다.

(2) 매년 이맘때쯤 나무에 (과실 / 과감)이 열린다.

(3) 어서 빨리 전쟁이 (결과 / 종결)되어야 한다.

쓰기 활동

3 다음 낱말을 넣어 그림에 어울리는 문장을 써 보세요.

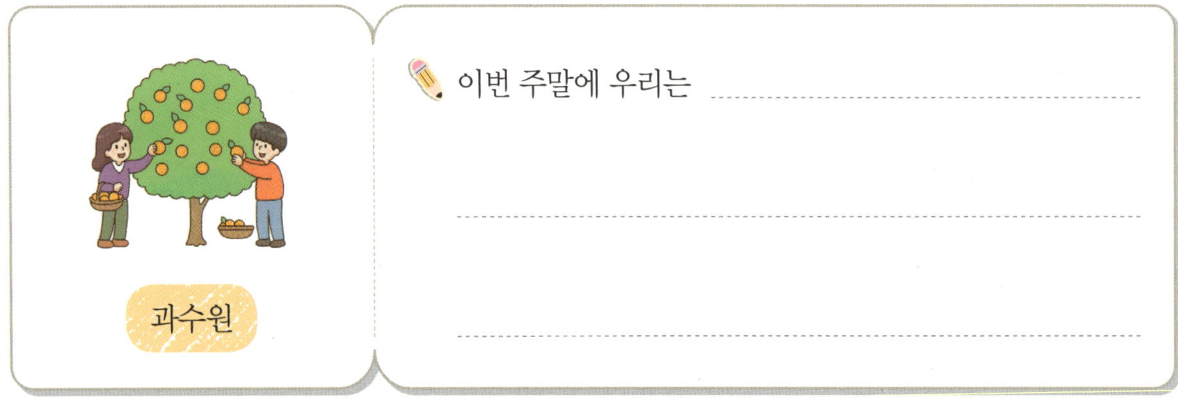

📖 다음 글을 읽고 문제를 풀어 보세요.

　나와 언니는 할아버지의 ⊙과일나무를 심은 밭에 놀러 갔다. 나무마다 커다란 ⓒ먹을 수 있는 열매가 주렁주렁 매달려 있었다. 할아버지께서 더운 여름 내내 땀 흘려 농사를 지으신 ⓒ식물의 열매나 일의 좋은 성과가 매달려 있는 것 같았다.

　나와 언니는 할아버지의 밭에 과연 얼마나 많은 사과가 있을까 궁금해졌다. 나는 과감하게 사다리 위로 올라가 사과의 수를 세기 시작했다. 그런데 사과밭에는 사과가 너무나도 많았다. 할아버지께서는 이런 나를 보시고는 허허 웃으셨다. 나와 언니는 사과 따기를 종결하고 집에 돌아와 사과를 맛있게 먹었다.

1 윗글의 ⊙~ⓒ의 뜻을 가진 낱말을 써 보세요.

(1)　⊙: ☐　　　(2)　ⓒ: ☐　　　(3)　ⓒ: ☐

2 윗글의 내용으로 알맞은 것은 ○표, 알맞지 <u>않은</u> 것은 ✕표에 동그라미 하세요.

(1)　'나'의 할아버지는 배 과수원을 하신다.　　　　　　　(○ ┊ ✕)

(2)　'나'는 사과의 개수가 궁금해서 세려고 하였다.　　　(○ ┊ ✕)

(3)　'나'와 언니는 과수원에서 딴 과일로 잼을 만들었다.　(○ ┊ ✕)

한자성어

結　草　報　恩
맺을 결　풀 초　갚을 보　은혜 은

🔍 죽어 혼이 되더라도 입은 은혜를 잊지 않고 갚는다는 말

붙임딱지

한자 놀이

원숭이가 바나나를 따러 갈 수 있도록 한자의 소리를 찾아
동그라미 하세요.

동작

01	動 움직일동 / 流 흐를류	운동 동물 자동 활동 / 유속 조류 유려 전류
02	立 설립 / 建 세울건	설립 자립 직립 입장 / 창건 건설 재건 건국
03	分 나눌분 / 別 나눌/다를별	분류 구분 분수 신분 / 차별 구별 이별 별개
04	見 볼견 / 現 나타날현	참견 견학 발견 견해 / 현재 발현 현금 실현

動 움직일 동 / 流 흐를 류

한자능력 준7급

動 

뜻	소리
움직일	동

動	重	
움직일 동	움직일 동	

한자능력 준5급

流

뜻	소리
흐를	류

流	氵	
흐를 류	흐를 류	

유래

💡 動은 보따리를 매고 있는 사람을 그린 글자에 力(힘 력)을 더한 것으로, 보따리를 옮기기 위해 힘을 쓴다는 뜻을 표현한 거야.

유래

💡 流는 아이가 급한 물살에 떠내려가는 모습을 그린 한자야. '흐르다'나 '전하다', '떠돌다'라는 뜻을 갖고 있어.

'동(動)'이 사용된 낱말 중 다음 뜻에 알맞은 낱말을 써 보세요.

운동 運**動**

동물 **動**物

動
움직일 동

자동 自**動**

활동 活**動**

1 사람을 제외한 고양이, 호랑이와 같은 짐승을 말해요. →

2 건강을 위해 몸을 움직이는 것을 의미해요. →

3 몸을 움직여 행동하는 것을 말해요. →

4 스스로 작동하는 것을 나타내는 말이에요. →

'유/류(流)'가 사용된 낱말 중 다음 뜻에 알맞은 낱말을 써 보세요.

유속 流速

조류 潮流

流
흐를 류

유려 流麗

전류 電流

5 물이 흐르는 속도를 말해요. →

6 전기가 흐르는 것을 말해요. →

7 글이나 말 또는 곡선이 미끈하고 아름답다는 의미예요. →

8 밀물과 썰물로 인한 바닷물의 흐름이나 시대의 흐름을 말해요. →

1 '동(動)'과 '유/류(流)'가 들어간 **보기**의 낱말 중 빈칸에 알맞은 낱말을 골라 써 보세요.

보기

유려   조류   자동

(1) 에밀레종의 곡선은 [   ]하기로 유명하다.

(2) 이 음악은 일정한 시간이 되면 [   ](으)로 꺼진다.

(3) 그곳은 [   ]이/가 급하지 않아 노를 젓는 게 쉽다.

2 다음 문장에 어울리는 낱말을 골라 ○표 하세요.

(1) 호랑이는 밤이 되자 (활동 / 활발)을 시작하였다.

(2) 황사로 인해 집에서 (자동 / 운동)하는 사람들이 늘어났다.

(3) 이 강은 수심이 깊고 (유속 / 유려)이/가 빠르다.

(4) 환경을 최우선으로 하는 세계적인 (전류 / 조류)를 외면해서는 안 된다.

3 다음 낱말을 넣어 그림에 어울리는 문장을 써 보세요.

다음 글을 읽고 문제를 풀어 보세요.

> 나는 가족들과 함께 ㉠건강을 위해 몸을 움직이는 것을 하러 공원에 갔다. 공원에는 애완 ㉡사람을 제외한 고양이, 호랑이와 같은 짐승이 많이 있었다. 어두웠던 공원의 가로등에 ㉢전기가 흐르는 것이 들어오자 불이 밝아졌다. 나는 스트레칭을 한 후 줄넘기를 하고, 오빠는 달리기를 했다.
>
> 바람이 불자 땀이 마르면서 시원했다. 그런데 갑자기 바람이 거세지더니 먹구름이 몰려왔다. 그리고 공원 옆에 있는 강물의 유속이 빨라졌다. 오빠는 매점으로 뛰어가서 자동 우산을 사 왔다. 오빠가 돌아오자마자 갑자기 소나기가 쏟아졌다.

1 윗글의 ㉠~㉢의 뜻을 가진 낱말을 써 보세요.

(1) ㉠: 　　　　　　　(2) ㉡: 　　　　　　　(3) ㉢:

2 다음 문장의 빈칸에 들어갈 알맞은 낱말을 찾아 선으로 이어 보세요.

(1) 배는 (　　　　)의 흐름에 따라 운전해야 한다. 　·　　　　　　·　활동

(2) 다리를 다쳐서 (　　　　)이/가 힘들다. 　·　　　　　　·　조류

한자성어

一　言　一　動
한 일　말씀 언　한 일　움직일 동

🔍 한마디 말과 한 가지 동작이라는 말

공부한 날

월 　 일

한자능력 준7급

立

뜻 　 **소리**

설 　 립

立	亠	
설 립	설 립	

한자능력 5급

建

뜻 　 **소리**

세울 　 건

建	聿	
세울 건	세울 건	

유래

💡 立은 땅 위에 서 있는 사람을 그린 한자야. '서다'나 '똑바로 서다'라는 뜻을 갖고 있어.

유래

💡 建은 손에 붓을 들고 있는 모습을 그린 한자야. '세우다'나 '일으키다'라는 뜻을 갖고 있어.

🔍 '입/립(立)'이 사용된 낱말 중 다음 뜻에 알맞은 낱말을 써 보세요.

설립 設立

자립 自立

立
설립

직립 直立

입장 立場

1 남에게 의지하지 않고 스스로 서 있는 것을 의미해요. → ☐

2 마주하고 있는 상황을 말해요. → ☐

3 꼿꼿하게 바로 서 있는 것을 의미해요. → ☐

4 기관이나 조직을 만드는 것을 말해요. → ☐

🚩 '건(建)'이 사용된 낱말 중 다음 뜻에 알맞은 낱말을 써 보세요.

창건 創建

건설 建設

建
세울 건

재건 再建

건국 建國

5 건물이나 시설을 새로 만들어 세우는 것을 말해요. → ☐

6 나라를 세우는 것을 말해요. → ☐

7 허물어진 건물을 다시 세운다는 의미예요. → ☐

8 건물이나 조직을 처음 만드는 것을 의미해요. → ☐

1 다음 문장의 빈칸에 들어갈 알맞은 낱말을 찾아 색칠해 보세요.

(1) 사람은 두 발로 [   ]해서 생활하는 동물이다.

자립   직립

(2) 고구려를 [   ]한 동명왕의 이름은 주몽이다.

건설   건국

2 다음 문장에 어울리는 낱말을 골라 ○표 하세요.

(1) 전북 고창군의 선운사는 백제 시대에 (조건 / 창건)되었다.

(2) 흥선 대원군은 화재로 타 버린 경복궁을 (재건 / 창건)하였다.

(3) 유정이는 뜻이 맞는 사람들과 회사를 (자립 / 설립)하였다.

(4) 그는 친구의 (입장 / 직립)을 곤란하게 만들었다.

3 다음 낱말을 넣어 그림에 어울리는 문장을 써 보세요.

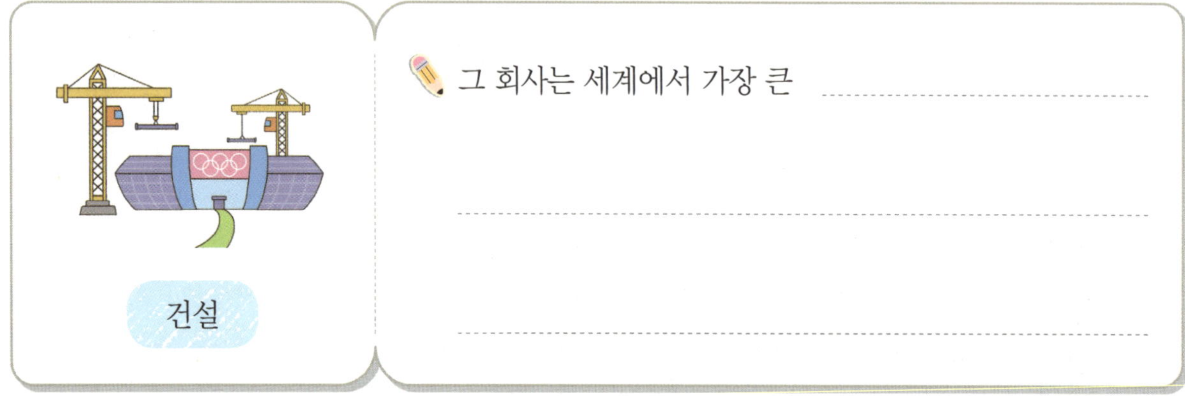

📖 다음 글을 읽고 문제를 풀어 보세요.

우리 마을에 새로운 도서관이 ㉠건물이나 시설을 새로 만들어 세워졌다. 오래된 도서관을 부수고 ㉡허물어진 건물을 다시 세웠다. 우리들은 새 도서관이 지어진 것에 대해 ㉢마주하고 있는 상황을 밝혔다. 나와 친구들은 깨끗하고 멋진 도서관을 지어 주신 어른들께 감사하다는 인사를 드렸다.

나는 친구들과 매주 도서관에 가서 책을 읽었다. 도서관에는 직립해서 책을 읽을 수 있는 책상도 있어서 책을 읽기에 편하였다. 또한 도서관 시설이 좋으니까 친구들은 시키지 않아도 자립해서 책을 읽었다. 우리 마을에 이렇게 좋은 도서관이 생겨서 너무 행복하다.

1 윗글의 ㉠~㉢의 뜻을 가진 낱말을 써 보세요.

(1) ㉠: [   ]   (2) ㉡: [   ]   (3) ㉢: [   ]

2 윗글의 내용으로 알맞은 것은 ○표, 알맞지 <u>않은</u> 것은 ✕표에 동그라미 하세요.

(1) 우리 마을에 오래된 도서관을 허물고 새 도서관이 생겼다. (○ ┊ ✕)

(2) '나'는 친구들과 매달 한 번씩 도서관에 가서 책을 읽었다. (○ ┊ ✕)

(3) 새로 지은 도서관에는 서서 책을 읽을 수 있는 책상이 있었다. (○ ┊ ✕)

한자성어

立 身 揚 名
설 립(입)   몸 신   날릴 양   이름 명

🔍 출세하여 이름을 세상에 드날린다는 말

分 나눌분 / 別 나눌/다를 별

공부한 날

월 일

한자능력 준6급

分

뜻 소리

나눌 분

分	八	
나눌 분	나눌 분	

한자능력 6급

別

뜻 소리

나눌/다를 별

別	另	
나눌/다를 별	나눌/다를 별	

유래

💡 分은 사물이 반으로 갈린 모습을 그린 한자야. '나누다'나 '베풀어 주다'라는 뜻을 갖고 있어.

유래

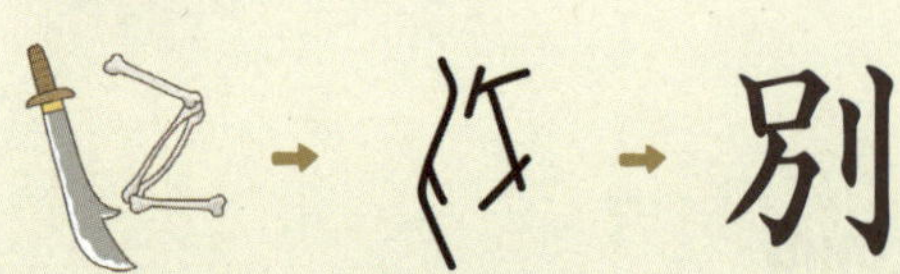

💡 別은 칼로 뼈와 살을 나눈 모습을 그린 한자야. 뼈와 살이 나누어졌다는 것은 죽었다는 뜻이기 때문에 '헤어지다'나 '나누다'라는 뜻을 갖고 있어.

'분(分)'이 사용된 낱말 중 다음 뜻에 알맞은 낱말을 써 보세요.

분류 分類   구분 區分

分
나눌 분

분수 分數   신분 身分

1 일정한 기준에 따라 몇 개로 갈라서 나눈 것을 말해요.   →

2 사회적 위치나 계급을 의미해요.   →

3 종류에 따라 나누는 것을 말해요.   →

4 자기 신분에 맞는 한도를 말해요.   →

'별(別)'이 사용된 낱말 중 다음 뜻에 알맞은 낱말을 써 보세요.

차별 差別   구별 區別

別
나눌/다를 별

이별 離別   별개 別個

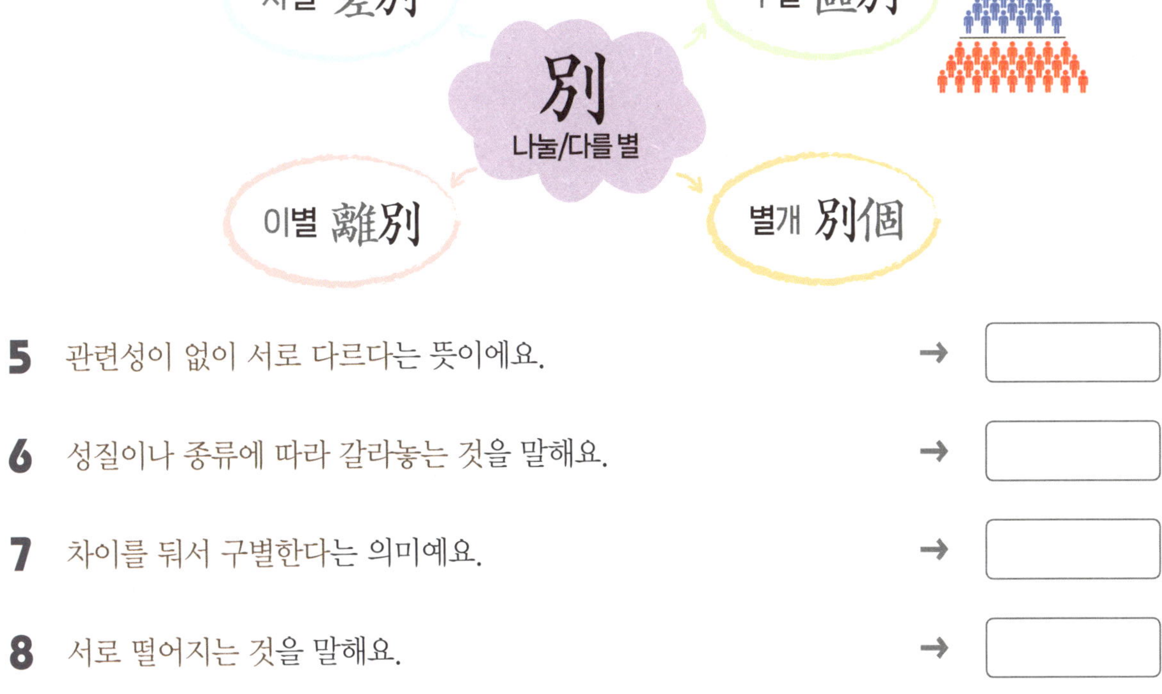

5 관련성이 없이 서로 다르다는 뜻이에요.   →

6 성질이나 종류에 따라 갈라놓는 것을 말해요.   →

7 차이를 둬서 구별한다는 의미예요.   →

8 서로 떨어지는 것을 말해요.   →

1 다음 문장의 빈칸에 들어갈 알맞은 낱말을 찾아 선으로 이어 보세요.

(1) 요즘 파는 옷은 나이와 성별의 (　　　　)이 없는 것이 많다.

(2) 두 사람은 심하게 다투는 바람에 (　　　　)을 하였다.

(3) 서점에서는 책을 종류별로 (　　　　)해 두었다.

- 이별
- 구별
- 분류

2 다음 문장에 어울리는 낱말을 골라 ○표 하세요.

(1) 그는 자신의 삶과 어머니의 삶은 (별개 / 분수)라고 생각하였다.

(2) 사람은 피부색이 다르다는 이유로 (차별 / 구별)을 당해서는 안 된다.

(3) 사치스러운 생활을 하지 말고 (분수 / 신분)에 맞게 생활해야 한다.

쓰기 활동

3 다음 낱말을 넣어 그림에 어울리는 문장을 써 보세요.

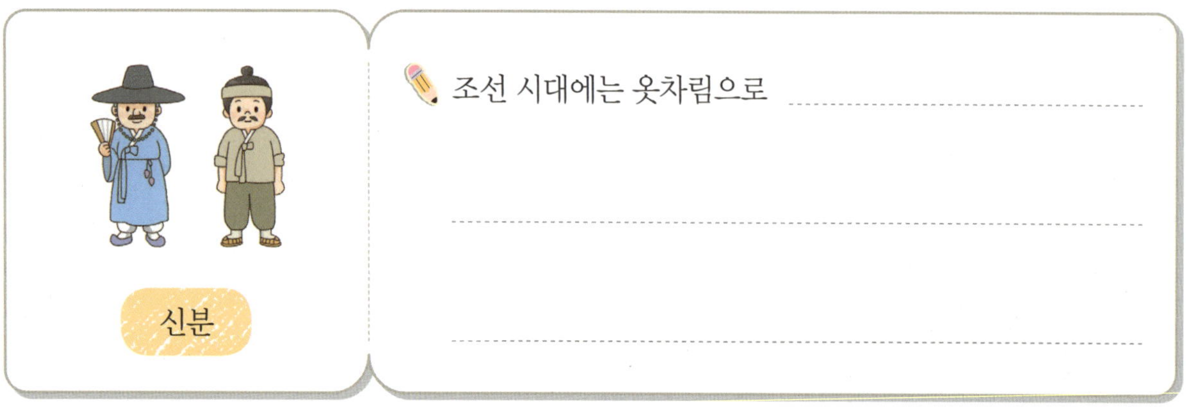

✏️ 조선 시대에는 옷차림으로

3단계 글로 익히기

다음 글을 읽고 문제를 풀어 보세요.

호중이는 사고 싶은 장난감이 많았다. 호중이는 용돈으로 받은 만 원이 있었지만, 사고 싶은 로봇은 이만 원이었다. 그래서 호중이는 친구에게 만 원을 빌려 ㉠자신의 신분에 맞는 한도에 넘치는 장난감을 샀다.

그날 밤, 호중이의 꿈에 로봇이 나타나 말했다.

"방에 장난감이 너무 많아서 구분이 안 돼. ㉡종류에 따라 나누는 것을 해야 돼."

다음 날 아침, 호중이는 장난감을 ㉢성질이나 종류에 따라 갈라놓는 것을 했다. 엄마께서는 깨끗해진 방을 보고 칭찬하셨다. 호중이는 친구의 돈을 빌려 장난감을 산 일을 후회하고, 로봇과 이별하기로 결심하였다.

1 윗글의 ㉠~㉢의 뜻을 가진 낱말을 써 보세요.

(1) ㉠: ⬚⬚⬚⬚⬚   (2) ㉡: ⬚⬚⬚⬚⬚   (3) ㉢: ⬚⬚⬚⬚⬚

2 다음 문장의 빈칸에 들어갈 알맞은 낱말을 찾아 선으로 이어 보세요.

(1) 조선 시대에는 지배층인 양반이라는 (　　　)이 있었다.　•　　　　• 차별

(2) 능력에 따라 (　　　)을 두어 일을 시켰다.　•　　　　• 신분

한자성어

安 分 知 足
편안 안　나눌 분　알 지　발 족

🔍 자기 분수에 만족하여 다른 데 마음을 두지 않는다는 말

見 볼 견 / 現 나타날 현

한자능력 준5급

見

뜻   소리

볼   견

見	目	
볼 견	볼 견	

한자능력 준6급

現

뜻   소리

나타날 현

現	王	
나타날 현	나타날 현	

유래

見은 사물을 보는 눈을 강조해 그린 것으로, '보다'라는 뜻을 표현한 거야.

유래

現은 사람이 옥을 바라보고 있는 모습을 그린 한자로, '나타나다'나 '드러내다'라는 뜻을 나타내고 있어.

'견(見)'이 사용된 낱말 중 다음 뜻에 알맞은 낱말을 써 보세요.

참견 參見

견학 見學

見
볼 견

발견 發見

견해 見解

1 실지로 보고 배우는 것을 말해요. →

2 끼어들어 아는 체하거나 이래라저래라 하는 것을 말해요. →

3 아직 알려지지 않은 사실을 찾아내는 것을 의미해요. →

4 자신의 생각을 의미해요. →

'현(現)'이 사용된 낱말 중 다음 뜻에 알맞은 낱말을 써 보세요.

현재 現在

발현 發現

現
나타날 현

현금 現金

실현 實現

5 지폐나 동전을 말해요. →

6 꿈이나 기대를 실제로 이룬다는 뜻이에요. →

7 속에 있는 것이 밖으로 나타난다는 뜻이에요. →

8 지금의 시간을 말해요. →

1 '견(見)'과 '현(現)'이 들어간 보기의 낱말 중 빈칸에 알맞은 낱말을 골라 써 보세요.

보기

견해   참견   발현

(1) 그와는 [   ]이/가 달라서 각자 일을 하기로 했다.

(2) 남의 일에 [   ]하는 것은 예의가 아니다.

(3) 청소년기는 성숙된 자아가 [   ]되는 시기이다.

2 다음 문장에 어울리는 낱말을 골라 ○표 하세요.

(1) 그 가게는 (현금 / 참견)으로 결제하면 더 많은 혜택을 준다.

(2) 박물관은 (견해 / 견학)을/를 온 학생들로 북적였다.

(3) 이탈리아의 탐험가 콜럼버스는 신대륙을 (발견 / 참견)하였다.

(4) 여름 방학 계획을 (발현 / 실현)이 가능하도록 세웠다.

3 다음 낱말을 넣어 그림에 어울리는 문장을 써 보세요.

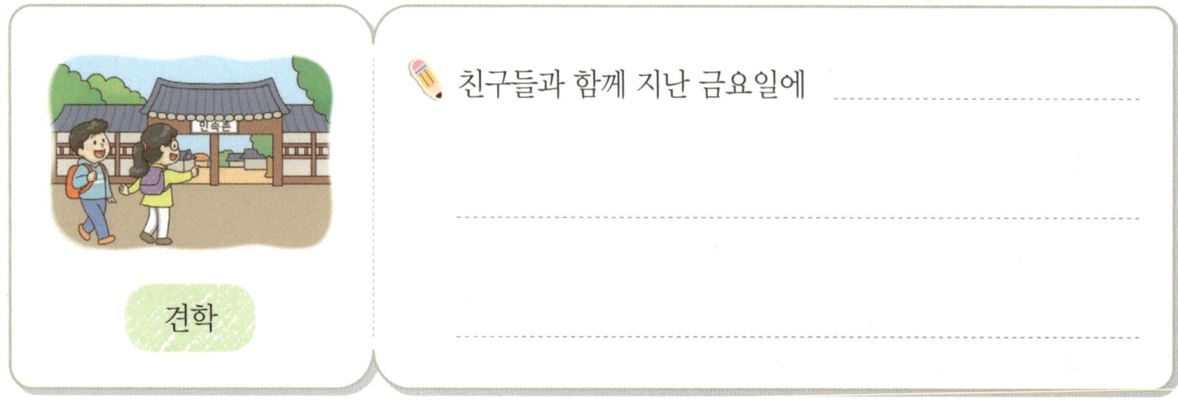

✏ 친구들과 함께 지난 금요일에 ______________

다음 글을 읽고 문제를 풀어 보세요.

우리 반은 공룡 박물관으로 ㉠실지로 보고 배우러 갔다. 나와 친구들은 박물관에서 공룡 뼈와 발자국을 보았다. 그 중 공룡 발자국은 우리나라에서 처음으로 ㉡아직 알려지지 않은 사실을 찾아낸 것이었다. 우리가 공룡 발자국을 구경하는데, 공룡 박사인 인호가 우리의 대화에 ㉢끼어들어 아는 체하였다. 인호는 공룡을 정말 좋아하는 친구였다.

나와 친구들은 기념품 가게로 가서 현금을 주고 공룡 모형을 샀다. 나는 현재 가진 용돈을 모두 내고 커다란 공룡 인형도 샀다. 나도 이제부터 공룡에 대해 공부해야겠다고 생각하였다.

1 윗글의 ㉠~㉢의 뜻을 가진 낱말을 써 보세요.

(1) ㉠: [   ]   (2) ㉡: [   ]   (3) ㉢: [   ]

2 윗글의 내용으로 알맞은 것은 ○표, 알맞지 <u>않은</u> 것은 ✕표에 동그라미 하세요.

(1) '나'와 친구들은 공룡 박물관에서 공룡 알을 보았다.　　　　　(○ ┆ ✕)

(2) 공룡을 좋아하는 인호의 별명은 공룡 박사였다.　　　　　　(○ ┆ ✕)

(3) '나'는 기념품 가게에서 공룡 모형과 공룡 인형을 샀다.　　　(○ ┆ ✕)

한자성어

見	物	生	心
볼 견	물건 물	날 생	마음 심

🔍 물건을 보면 욕심이 생긴다는 말

한자 놀이

친구들이 강을 건너 집에 갈 수 있도록 아래 팻말에 적힌 한자를 찾아 동그라미 하세요.

감정

01	氣 기운 기 / 感 느낄 감	공기 기상 기세 기후 / 독후감 감정 영감 감각
02	心 마음 심 / 念 생각 념	상심 심란 심상 민심 / 신념 유념 상념 염려
03	意 뜻 의 / 情 뜻 정	의미 의사 유의 의식 / 표정 인정 정감 애정
04	期 기약할 기 / 待 기다릴 대	기대 기약 기한 기간 / 고대 대접 대기 대우
05	正 바를 정 / 善 착할 선	정월 수정 정곡 정직 / 자선 선행 선량 최선

氣

뜻	소리
기운	기

氣	气	
기운 기	기운 기	

유래

🔍 氣는 밥을 지을 때 나는 수증기가 올라가는 모습을 그린 한자야. '기운'이나 '기세', '날씨'라는 뜻으로 쓰이는 글자야.

感

뜻	소리
느낄	감

感	咸	
느낄 감	느낄 감	

유래

🔍 感은 '남김없이'라는 뜻을 가진 咸(다 함)에 心(마음 심)을 더한 한자로, '모조리 느끼다'라는 뜻이야. '모조리 느끼다'라는 것은 다섯 가지 감각을 통해 느낀다는 뜻이야.

🔍 '기(氣)'가 사용된 낱말 중 다음 뜻에 알맞은 낱말을 써 보세요.

공기 空氣

기상 氣象

氣
기운 기

기세 氣勢

기후 氣候

1 기운차게 뻗치는 모양이나 상태를 말해요. →

2 지구를 둘러싼 기체 혹은 주변에 감도는 기분이나 분위기를 말해요. →

3 바람, 구름, 비, 더위, 추위 등을 모두 이르는 말이에요. →

4 온도와 습도, 바람 등의 평균적인 상태를 나타내는 말이에요. →

🚩 '감(感)'이 사용된 낱말 중 다음 뜻에 알맞은 낱말을 써 보세요.

독후감 讀後感

감정 感情

感
느낄 감

영감 靈感

감각 感覺

5 창조적인 일에 계기가 되는 기발한 자극을 의미해요. →

6 책이나 글을 읽고 난 후의 느낌을 적은 것을 말해요. →

7 눈, 귀, 혀 등의 신체로 느껴지는 자극을 가리켜요. →

8 어떤 일에 대하여 일어나는 마음이나 느끼는 기분을 말해요. →

1 다음 문장의 빈칸에 들어갈 알맞은 낱말을 찾아 색칠해 보세요.

(1) 올여름 ☐ 는 매우 더울 것으로 예상된다.

기세   기후

(2) 개는 냄새를 맡는 ☐ 이 발달하였다.

감각   영감

2 다음 문장에 어울리는 낱말을 골라 ○표 하세요.

(1) 가을로 접어들자 새벽의 (공기 / 기세)가 제법 쌀쌀해졌다.

(2) 비행을 하기에는 (기세 / 기상) 상황이 좋지 않다.

(3) 행복한 가족을 보니 작품의 (영감 / 감정)이 떠올랐다.

(4) 복받치는 (감정 / 감각)을 억누르고 울음을 참아 내었다.

3 다음 낱말을 넣어 그림에 어울리는 문장을 써 보세요.

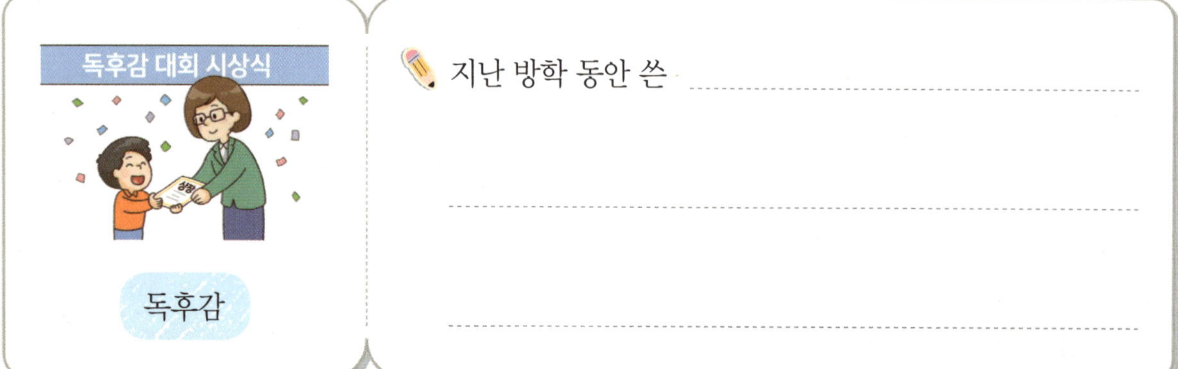

✏️ 지난 방학 동안 쓴 ______________________

____

____

📖 다음 글을 읽고 문제를 풀어 보세요.

> 오늘 학교에서 ㉠책이나 글을 읽고 난 후의 느낌을 적은 것을 쓰는 숙제를 받았다. 나는 책을 읽기는 했지만 무엇을 써야 할지 ㉡창조적인 일에 계기가 되는 기발한 자극이 떠오르지 않았다. 오빠에게 고민을 말했더니, 오빠는 나에게 책을 읽으며 느낀 감정을 쓰면 된다고 말해 주었다. 책의 줄거리, 감동적인 부분, 느낀 점 등을 차례대로 썼더니 글이 잘 써졌다.
>
> 엄마께서는 열심히 독후감을 쓰는 내 모습을 보시더니 ㉢기운차게 뻗치는 모양이나 상태가 좋아 보인다며 칭찬하셨다. 나는 앞으로 꾸준히 독후감을 쓰겠다고 다짐하였다.

1 윗글의 ㉠~㉢의 뜻을 가진 낱말을 써 보세요.

(1) ㉠: ☐   (2) ㉡: ☐   (3) ㉢: ☐

2 다음 문장의 빈칸에 들어갈 알맞은 낱말을 찾아 선으로 이어 보세요.

(1) 벌에 쏘여서 (   )이/가 마비되었다.   ·   · 공기

(2) 비가 그치고 나니 (   )이/가 맑았다.   ·   · 감각

多 情 多 感
많을 다　뜻 정　많을 다　느낄 감

🔍 정이 많고 느낌이 많다는 말

붙임딱지

공부한 날
월 일

한자능력 7급

心

뜻: 마음   소리: 심

心	八	
마음 심	마음 심	

한자능력 준5급

念

뜻: 생각   소리: 념

念	今	
생각 념	생각 념	

유래

💡 心은 사람이나 동물의 심장을 그린 한자야. '마음'이나 '생각', '심장', '중앙'이라는 뜻을 갖고 있어.

유래

💡 念은 말이 밖으로 새어 나가지 못하고 심장으로 들어가는 모습을 그린 한자야. '생각하다'나 '외우다'라는 뜻을 갖고 있어.

'심(心)'이 사용된 낱말 중 다음 뜻에 알맞은 낱말을 써 보세요.

상심 傷心

심란 心亂

心
마음 심

심상 心相

민심 民心

1 슬픔이나 걱정으로 속을 썩인다는 말이에요. →

2 마음의 바탕이라는 의미예요. →

3 마음이 어수선한 상태를 말해요. →

4 백성의 마음이라는 뜻이에요. →

'염/념(念)'이 사용된 낱말 중 다음 뜻에 알맞은 낱말을 써 보세요.

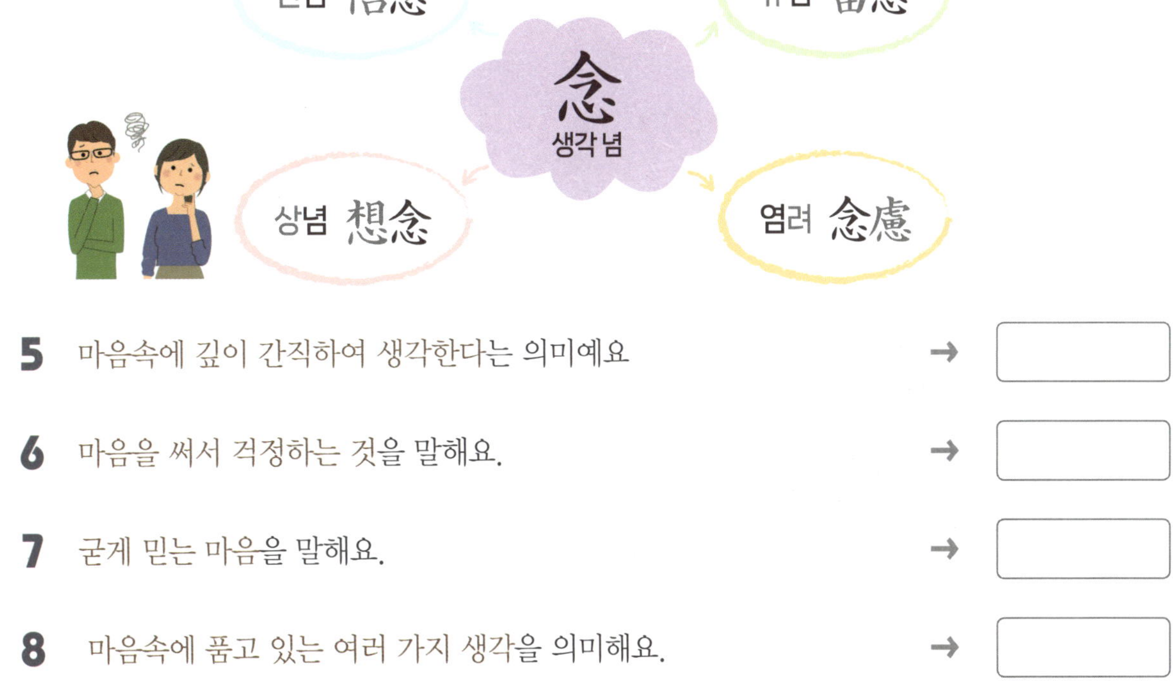

신념 信念

유념 留念

念
생각 념

상념 想念

염려 念慮

5 마음속에 깊이 간직하여 생각한다는 의미예요 →

6 마음을 써서 걱정하는 것을 말해요. →

7 굳게 믿는 마음을 말해요. →

8 마음속에 품고 있는 여러 가지 생각을 의미해요. →

1 다음 문장의 빈칸에 들어갈 알맞은 낱말을 찾아 선으로 이어 보세요.

(1) 가을철이 되면 환절기 건강에 특히 (   )해라.

• 상념

(2) 영호는 (   )에 잠겨 의자에 앉아 있었다.

• 유념

(3) 농부는 비가 많이 내릴까 봐 (   )하였다.

• 염려

2 다음 문장에 어울리는 낱말을 골라 ○표 하세요.

(1) 철수는 (상심 / 심상)이 고운 아이다.

(2) 마음이 (심란 / 상념)하여 여행을 떠났다.

(3) 그는 친구와의 추억을 (신념 / 유념)하였다.

쓰기 활동

3 다음 낱말을 넣어 그림에 어울리는 문장을 써 보세요.

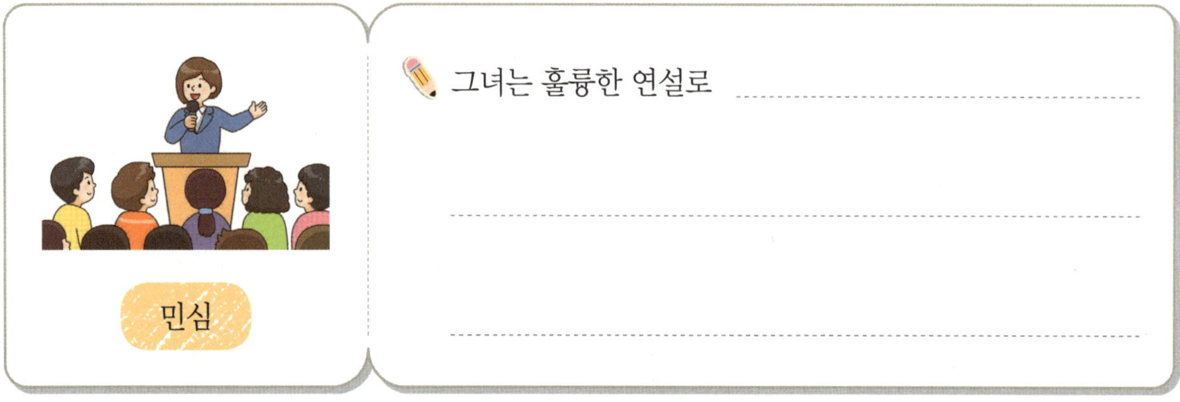

✏️ 그녀는 훌륭한 연설로 ___________________

다음 글을 읽고 문제를 풀어 보세요.

유정이는 체육 대회에서 달리기 선수가 되었다. 그런데 유정이는 잘 뛸 수 있을까 걱정이 되어 ㉠마음이 어수선하였다.

드디어 체육 대회 날이 되었고, 친구들은 유정이를 응원했다. 유정이는 친구들의 응원에 힘을 얻어 달리기를 잘 할 수 있다는 ㉡굳게 믿는 마음을 갖게 되었다. 탕! 소리와 함께 달리기 선수들이 앞으로 달려 나갔다. 친구들의 ㉢마음을 써서 걱정하는 것을 이기고 유정이는 달리기 대회에서 1등을 하였다. 유정이는 열심히 노력하면 얼마든지 좋은 결과를 얻을 수 있다는 것을 유념하게 되었다.

1 윗글의 ㉠~㉢의 뜻을 가진 낱말을 써 보세요.

(1) ㉠: [   ]　　　(2) ㉡: [   ]　　　(3) ㉢: [   ]

2 윗글의 내용으로 알맞은 것은 ○표, 알맞지 않은 것은 ✕표에 동그라미 하세요.

(1) 유정이는 체육 대회에서 씨름 선수가 되었다. 　　　　　　(○ ┊ ✕)

(2) 친구들은 걱정하는 유정이를 응원해 주었다. 　　　　　　(○ ┊ ✕)

(3) 유정이는 달리기를 잘 할 수 있다고 믿게 되었다. 　　　　(○ ┊ ✕)

한자성어

切 齒 腐 心
끊을 절　이 치　썩을 부　마음 심

🔍 대단히 분하게 여기고 마음을 썩인다는 말

한자능력 준6급

意

뜻　소리

뜻　의

意	音	
뜻의	뜻의	

유래

 → 意 → 意

意는 소리가 울려 퍼지는 것에 心(마음 심)을 더한 모습을 그린 한자야. '마음의 소리'라는 의미에서 '뜻'이나 '의미', '생각', '헤아리다'라는 뜻을 갖게 되었어.

한자능력 준5급

情

뜻　소리

뜻　정

情	忄	
뜻정	뜻정	

유래

  → 情 → 情

情은 우물 주위로 푸른 초목이 자라고 있는 것에 心(마음 심)을 더한 모습을 그린 한자야. '순수한 마음'을 표현한 것으로, '뜻'이나 '사랑', '인정'이라는 뜻을 갖고 있어.

'의(意)'가 사용된 낱말 중 다음 뜻에 알맞은 낱말을 써 보세요.

의미 意味

의사 意思

意
뜻 의

유의 留意

의식 意識

1 무엇을 하고자 하는 생각을 말해요. → ☐

2 사물이나 자신에 대하여 인식하는 것을 말해요. → ☐

3 말이나 글의 뜻을 말해요. → ☐

4 새겨 두어 조심하고 관심을 갖는 것을 의미해요. → ☐

'정(情)'이 사용된 낱말 중 다음 뜻에 알맞은 낱말을 써 보세요.

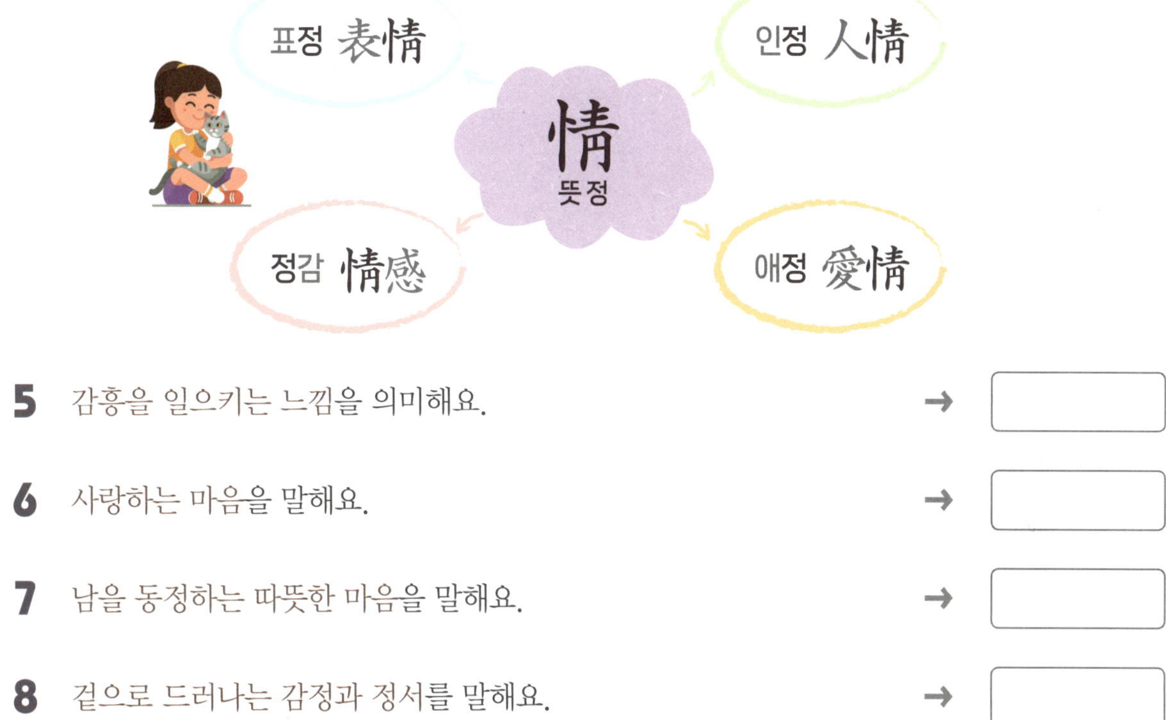

표정 表情

인정 人情

情
뜻 정

정감 情感

애정 愛情

5 감흥을 일으키는 느낌을 의미해요. → ☐

6 사랑하는 마음을 말해요. → ☐

7 남을 동정하는 따뜻한 마음을 말해요. → ☐

8 겉으로 드러나는 감정과 정서를 말해요. → ☐

1 '의(意)'와 '정(情)'이 들어간 **보기**의 낱말 중 빈칸에 알맞은 낱말을 골라 써 보세요.

보기

의미   유의   표정

(1) 휴일이라고 잠만 자지 말고 [   ] 있게 보내라.

(2) 갖고 싶어 하던 선물을 받아 좋아하는 마음이 [   ]에 드러났다.

(3) 이 약의 부작용을 [   ] 하는 게 좋겠다.

2 다음 문장에 어울리는 낱말을 골라 ○표 하세요.

(1) 지금 상황에 돈은 (의미 / 의사)가 없다.

(2) 올바른 (의식 / 의미)이/가 있는 사람이라면 그런 행동을 하지 않는다.

(3) 이번 일은 (예정 / 인정)과 사정을 볼 것 없이 처리하겠다.

(4) 동은이는 바둑에 대한 (애정 / 표정)이 엄청나다.

쓰기 활동

3 다음 낱말을 넣어 그림에 어울리는 문장을 써 보세요.

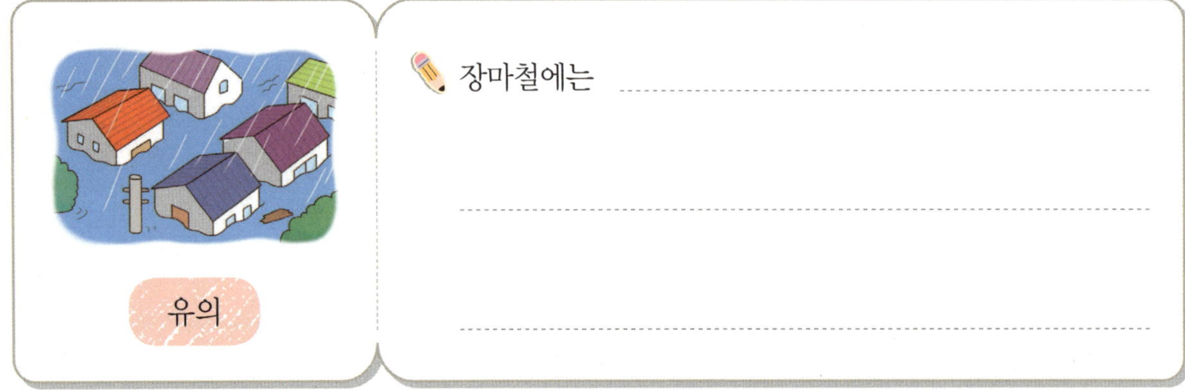

✏️ 장마철에는 ______________________

다음 글을 읽고 문제를 풀어 보세요.

　　내가 가장 좋아하는 사람은 시골에 사시는 ㉠겉으로 드러나는 감정이 예쁜 우리 할머니예요. 우리 할머니는 ㉡사랑하는 마음을 담아 나를 예뻐해 주세요. 내가 맛있는 음식을 먹고 싶다는 의사를 말하면 할머니께서는 맛있는 음식을 해 주세요. 그리고 우리 할머니는 ㉢남을 동정하는 따뜻한 마음을 가지신 분이에요.

　　얼마 전에는 의식이 없는 강아지를 구해 주셨어요. 그 강아지가 바로 우리 집에 지금 살고 있는 강아지 뽀미예요. 뽀미는 이제 건강해져서 우리 가족의 예쁨을 받고 있어요. 우리 할머니는 나에게 가장 의미 있는 분이에요. 할머니께서 오래오래 건강하셨으면 좋겠어요.

1 윗글의 ㉠~㉢의 뜻을 가진 낱말을 써 보세요.

(1) ㉠: [　　　　]　　(2) ㉡: [　　　　]　　(3) ㉢: [　　　　]

2 윗글의 내용으로 알맞은 것은 ○표, 알맞지 <u>않은</u> 것은 ×표에 동그라미 하세요.

(1) '나'는 가족 중에서 할머니를 가장 좋아한다.　　　　(○ ┊ ×)

(2) 할머니께서 구해 주신 강아지를 '나'의 가족이 키우고 있다.　　(○ ┊ ×)

(3) 우리 집 강아지 뽀미는 할머니와 시골에서 살고 있다.　　(○ ┊ ×)

한자성어

意 氣 投 合
뜻 의　기운 기　던질 투　합할 합

🔍 서로의 마음이나 뜻이 맞는다는 말

감정 **04** · 期 기약할 기 / 待 기다릴 대

공부한 날
월 일

한자능력 5급

期

뜻 소리
기약할 기

期	其	
기약할 기	기약할 기	

유래

💡 期는 '그'나 '그것'이라는 뜻을 나타내는 其(그 기)에 月(달 월)이 더해진 한자로, '기약하다'나 '약속하다'라는 뜻을 갖고 있어.

한자능력 6급

待

뜻 소리
기다릴 대

待	彳	
기다릴 대	기다릴 대	

유래

💡 待는 彳(조금 걸을 척)과 '관청'이라는 뜻으로 쓰이던 寺(절 사)가 더해진 글자로, '기다리다'나 '대우하다'라는 뜻을 갖고 있어.

🔍 '기(期)'가 사용된 낱말 중 다음 뜻에 알맞은 낱말을 써 보세요.

기대 期待　　　기약 期約

期
기약할 기

기한 期限　　　기간 期間

1 미리 정해 놓은 시기를 말해요. →

2 어떤 일이 원하는 대로 이루어지길 바라면서 기다리는 것이에요. →

3 어느 일정한 시기부터 다른 일정한 시기까지의 사이를 말해요. →

4 때를 정한 약속을 의미해요. →

🚩 '대(待)'가 사용된 낱말 중 다음 뜻에 알맞은 낱말을 써 보세요.

고대 苦待　　　대접 待接

待
기다릴 대

대기 待機　　　대우 待遇

5 때나 기회를 기다리는 것을 말해요. →

6 마땅한 예절로 대하는 것이에요. →

7 몹시 기다리는 것을 말해요. →

8 어떤 태도로 대하는 것을 말해요. →

1 다음 문장의 빈칸에 들어갈 알맞은 낱말을 찾아 색칠해 보세요.

(1) 언제 만난다는 [   ]도 없이 그들은 헤어졌다.

기약   대기

(2) 자격증 제출 [   ]은 이번 달 10일까지입니다.

기대   기한

2 다음 문장에 어울리는 낱말을 골라 ○표 하세요.

(1) 인간의 (기대 / 대기) 수명이 100세를 넘는다.

(2) 우리 회사는 당신에게 최고의 (대기 / 대우)를 해 줄 수 있다.

(3) 아직 전세 (기대 / 기한)이 열 달 정도 남았다.

(4) 아이들은 소풍날만을 (고대 / 대기)하고 있다.

3 다음 낱말을 넣어 그림에 어울리는 문장을 써 보세요.

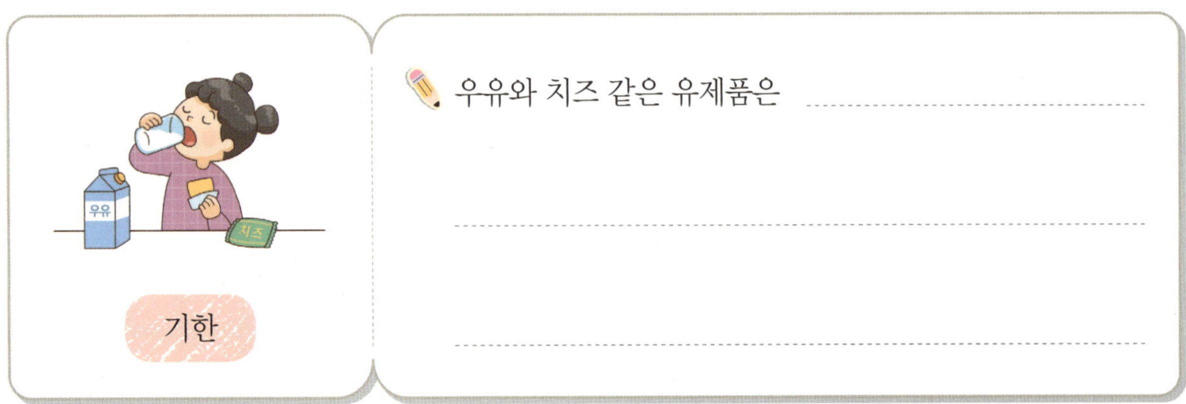

다음 글을 읽고 문제를 풀어 보세요.

연우는 제주도에 사시는 할머니 댁에 가기로 했다. 연우는 가족들과 함께 비행기를 타는 일을 ㉠이루어지기를 바라면서 기다렸다. 공항에는 비행기를 타려고 ㉡때나 기회를 기다리는 사람들로 가득했다. 연우는 비행기를 탈 차례를 ㉢몹시 기다렸다. 드디어 연우와 가족들은 비행기를 타고 제주도로 향했다.

연우와 가족들은 일주일의 기간 동안 할머니 댁에 머무르기로 하였다. 할머니는 연우에게 맛있는 귤을 따 주시기로 기약하셨다. 연우는 할머니께 선물로 가져온 과자를 대접해 드렸다.

1 윗글의 ㉠~㉢의 뜻을 가진 낱말을 써 보세요.

(1) ㉠: ☐ **(2)** ㉡: ☐ **(3)** ㉢: ☐

2 윗글의 내용으로 알맞은 것은 ○표, 알맞지 <u>않은</u> 것은 ×표에 동그라미 하세요.

(1) 연우네 가족은 울릉도에 사시는 할머니 댁에 갔다. (○ ┊ ×)

(2) 연우네 가족은 할머니 댁에 가기 위해 배를 탔다. (○ ┊ ×)

(3) 할머니는 연우에게 귤을 따 주시기로 약속하셨다. (○ ┊ ×)

한자성어

鶴　首　苦　待
학 학　머리 수　쓸 고　기다릴 대

🔍 몹시 기다린다는 말

正 바를정 / 善 착할 선

한자능력 준7급

正

뜻	소리

바를 정

正	下	
바를 정	바를 정	

한자능력 5급

善

뜻	소리

착할 선

善	羔	
착할 선	착할 선	

유래

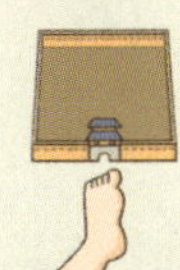

正은 성을 향해 걸어가고 있는 모습을 그린 한자야. 성을 정복하러 가는 모습을 표현한 것으로, 적을 정벌하러 가는 것이 정당하다는 의미에서 '바르다'라는 뜻을 갖게 되었어.

유래

善은 양의 얼굴과 사람의 눈을 그린 한자야. 착하고 선한 사람을 일컬어 사슴 같은 눈망울을 가졌다고 말하는 뜻을 표현한 거야.

1단계 낱말 알아보기

🔍 '정(正)'이 사용된 낱말 중 다음 뜻에 알맞은 낱말을 써 보세요.

정월 正月

수정 修正

正
바를정

정곡 正鵠

정직 正直

1 거짓이나 꾸밈이 없다는 의미예요. →

2 잘못된 것을 바로잡는 것을 말해요. →

3 과녁의 한가운데가 되는 점을 말해요. →

4 음력으로 한 해의 첫째 달, 음력 1월을 말해요. →

🚩 '선(善)'이 사용된 낱말 중 다음 뜻에 알맞은 낱말을 써 보세요.

자선 慈善

선행 善行

善
착할선

선량 善良

최선 最善

5 착한 행동을 가리키는 말이에요. →

6 가장 좋고 훌륭한 일을 말해요. →

7 성품이 착하다는 의미예요. →

8 남을 불쌍히 여겨 도와주는 것을 말해요. →

1 다음 문장의 빈칸에 들어갈 알맞은 낱말을 찾아 선으로 이어 보세요.

(1) 몇 번이고 원고를 (   ) 하였다.

• 수정

(2) 성실과 (   )은 아버지의 신념이다.

• 선행

(3) 흥부는 제비 다리를 고쳐 주는 (   )을 베풀었다.

• 정직

2 다음 문장에 어울리는 낱말을 골라 ○표 하세요.

(1) 그 학자는 (정곡 / 정월)을 찌르는 말을 하기로 유명하다.

(2) 그는 힘든 시기에도 (최선 / 자선)을 베풀었다.

(3) 가장 (선량 / 선명)해 보이던 그가 이번 사건의 범인이었다.

3 다음 낱말을 넣어 그림에 어울리는 문장을 써 보세요.

3단계 글로 익히기

다음 글을 읽고 문제를 풀어 보세요.

우리나라에는 ㉠음력으로 한 해의 첫째 달에 대보름이라는 명절이 있습니다. 동생은 대보름에 곶감과 식혜를 먹는다고 말했습니다. 나는 대보름에는 약밥과 오곡밥을 먹는다고 ㉡잘못된 것을 바로잡는 것을 해 주었습니다. 나는 올해 대보름에 둥근 달을 보며 ㉢착한 행동을 하겠다고 다짐했습니다. 그리고 공부도 최선을 다하겠다고 달님과 약속했습니다. 그리고 나는 호두와 땅콩으로 부럼을 깨물고, "내 더위 사 가라."라며 더위팔기를 했습니다. 그리고 대보름에는 줄다리기, 고싸움놀이, 놋다리밟기와 같은 전통 놀이를 하기도 합니다.

1 윗글의 ㉠~㉢의 뜻을 가진 낱말을 써 보세요.

(1) ㉠: ________

(2) ㉡: ________

(3) ㉢: ________

2 다음 문장의 빈칸에 들어갈 알맞은 낱말을 찾아 선으로 이어 보세요.

(1) 부모님께서는 (   )해야 한다고 말씀하셨다. •

(2) (   ) 행사를 열어 이웃을 돕는 성금을 모았다. •

• 자선

• 정직

한자성어

勸 善 懲 惡

권할 권　착할 선　징계할 징　악할 악

🔍 착한 것을 권하고, 악한 것을 징벌한다는 말

붙임딱지

한자 놀이

두 낱말을 완성하는 한자는 무엇일까요?
빈칸에 들어가기 알맞은 한자에 동그라미 하세요.

똑똑 초등 한자 어휘 찾아보기

똑똑 초등 한자 어휘 4단계에는 이런 한자와 어휘를 담고 있어요!

한자

한자 놀이

꽃잎에 있는 한자와 만나 낱말을 이루는 한자는 무엇일까요? 빈칸에 알맞은 한자를 쓰세요.

한자 놀이

소리에 알맞은 한자를 찾아 길을 따라가며 동그라미 하세요.

한자 놀이

원숭이가 바나나를 따러 갈 수 있도록 한자의 소리를 찾아 동그라미 하세요.

한자 놀이

친구들이 강을 건너 집에 갈 수 있도록 아래 팻말에 적힌 한자를 찾아 동그라미 하세요.

한자 놀이

두 낱말을 완성하는 한자는 무엇일까요?
빈칸에 들어가기 알맞은 한자에 동그라미 하세요.

똑독 초등 한자 어휘 4단계 붙임딱지

하루 공부를 끝낼 때마다 붙임딱지를 붙여 보세요.

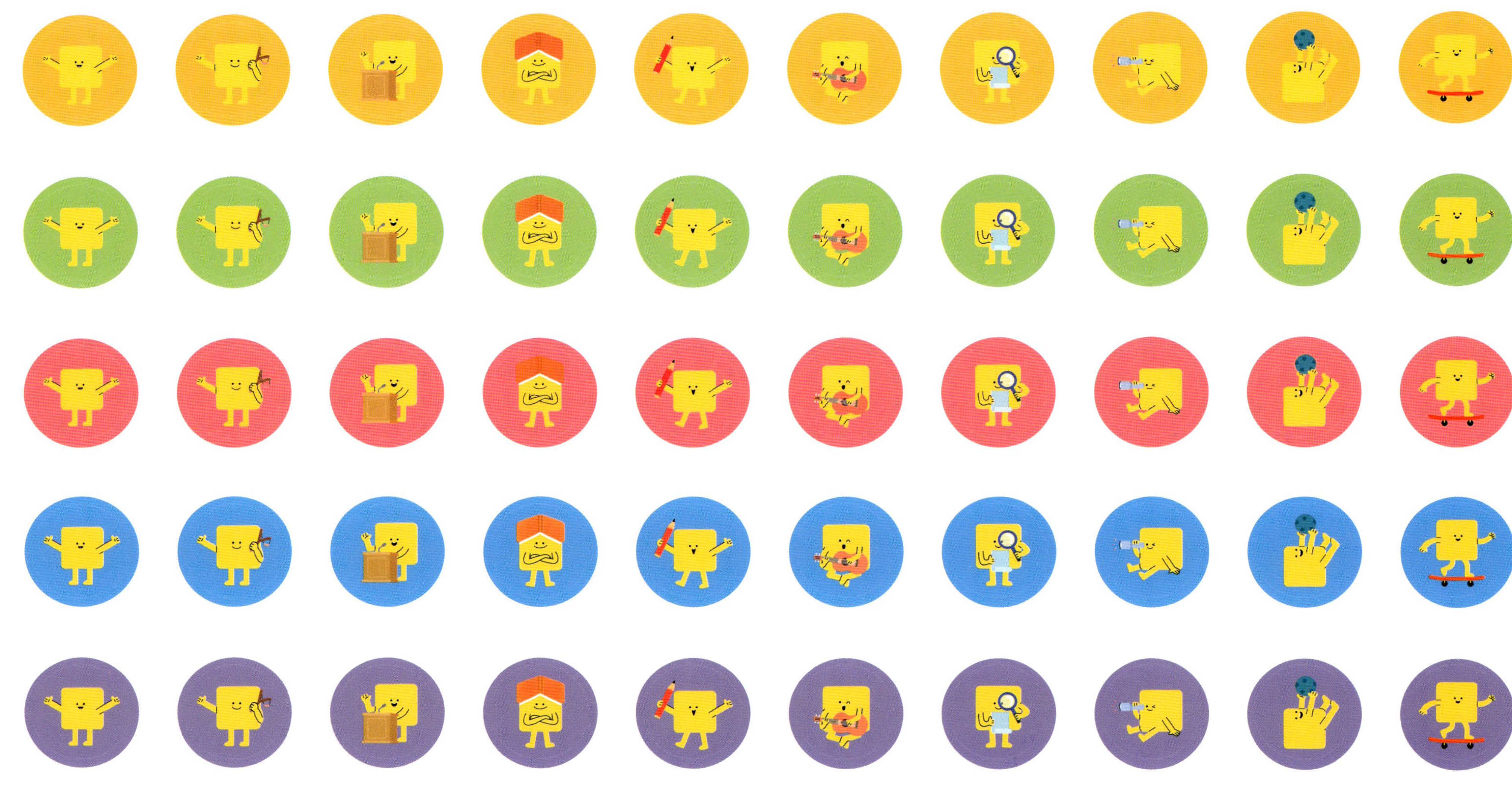

똑똑한 독해 3원리로 문해력의 문을 열어요!

핵심 내용 정리하기

글의 글감을 확인하고
문장의 중요한 정보들이
무엇인지 살펴봅니다.

짜임 이해하기

문단 간의 관계를 통해
한 편의 글이
어떤 짜임을 갖추고
있는지 확인합니다.

내용 요약하기

글 전체의 내용을
한두 문장의
짧은 글로 요약하여
표현할 수 있도록 훈련합니다.

똑똑 초등 한자 어휘는

한자 어휘 - 문장 - 글의 단계적 학습으로
문해력을 기를 수 있는 교재입니다.

낱말 알아보기
교과서 및 일상 어휘, 한자능력검정시험에서 선별한
주제별 한자와 관련 어휘를 배울 수 있습니다.

문제 풀기
학습한 어휘의 문맥적 의미를 파악하는 문제를 통해
실제 쓰임을 익히고, 쓰기 활동을 통해 쓰기 능력을 기를 수 있습니다.

글로 익히기
어휘가 사용된 글을 독해하며 어휘의 의미를 되새기고
독해 문제를 풀며 문해력을 키울 수 있습니다.

똑똑 초등 한자 어휘

자기 주도형 심화 학습 노트

- 한자 쓰기 노트 및 확인 문제
- 한자능력검정시험 모의 문제

4단계 | 열매 초등 5·6학년

똑똑
똑똑한 독해, 똑똑!

자기 주도형
심화 학습 노트

● 본책에서 일차별로 학습한 내용을 이 책 안에 정리해 보세요.

 오늘 배운 한자를 다시 써 보세요.

有 있을 유

無 없을 무

 오늘 배운 한자를 다시 익혀 보세요.

1 다음 한자성어의 뜻을 골라 보세요. 　　　　　(　　)

有口無言 유구무언

① 서로가 마음을 터놓고 진실하게 사귄다는 말

② 죽은 뒤에라도 은혜를 잊지 않고 갚는다는 말

③ 입은 있으나 말이 없다는 뜻으로 변명할 말이 없다는 말

2 다음 밑줄 친 말에 해당하는 한자를 **보기** 에서 찾아 써 보세요.

보기

無　　有　　名　　效

(1) 그는 유명 영화배우가 되어 인기를 끌었다. 　　→ ________

(2) 올림픽 경기는 선수들의 반칙으로 무효가 되었다. 　　→ ________

오늘 배운 낱말을 확인해 보세요.

1 다음 문장에 어울리는 낱말을 골라 ○표 하세요.

(1) 소설의 주인공은 몇 가지 (유형 / 유지)(으)로 나눌 수 있다.

(2) 버려진 땅을 사서 나의 (소망 / 소유)(으)로 삼았다.

(3) 당근은 (유효 / 유명) 성분을 섭취할 수 있도록 익혀 먹어야 한다.

(4) 선거 후보의 잘못으로 당선이 (무효 / 무명) 처리되었다.

2 ‘무(無)’가 들어간 보기 의 낱말 중 빈칸에 알맞은 낱말을 골라 써 보세요.

보기

| 무례 | 무명 | 무형 |

(1) 탈춤과 판소리는 [   ] 문화유산이다.

(2) 그는 [   ] 한 행동으로 비판을 받았다.

(3) [   ] 작가였던 그녀는 이제 유명 작가가 되었다.

맞힌 개수 [/ 10]   오늘 배운 한자 有 無 形 名 效 所 禮

공부한 날   월   일

오늘 배운 한자를 다시 써 보세요.

古 옛 고

今 이제 금

오늘 배운 한자를 다시 익혀 보세요.

1 다음 한자성어의 뜻을 골라 보세요.   (   )

萬古常靑 만고상청

① 지나간 허물을 고치고 착하게 된다는 말

② 잘못된 점을 고치려다 수단이 지나쳐 도리어 일을 그르친다는 말

③ 만년이나 오래도록 항상 푸르다는 뜻으로, 언제나 변함이 없다는 말

2 **보기**와 같이 다음 밑줄 친 한자어의 독음을 써 보세요.

보기

有形 → 유형

(1) 창덕궁은 조선 시대의 古宮 중 하나이다.   → __________

(2) 비행기를 타자 제주도까지 今方 도착했다.   → __________

(3) 우리 마을에서 古代 유물이 발견되었다.   → __________

오늘 배운 낱말을 확인해 보세요.

1 다음 문장의 빈칸에 들어갈 알맞은 낱말을 찾아 색칠해 보세요.

(1) 홍길동전은 우리나라의 유명한 [ ] 소설이다.

> 고전   고민

(2) 그리스에는 [ ]에 만들어진 신전이 남아 있다.

> 고단   고대

(3) [ ]을 공부한 그는 유적 발굴단에 들어갔다.

> 고고학   유전학

2 다음 문장의 빈칸에 들어갈 알맞은 낱말을 찾아 선으로 이어 보세요.

(1) 우리는 ( )부터 한 시간만 놀기로 했다. •

• 작금

(2) 그 가게는 ( )에 하루만 휴업을 하였다. •

• 금일

(3) 우리는 ( )의 혼란한 현실에 안타까워했다. •

• 지금

 맞힌 개수 / 10    오늘 배운 한자 古 今 典 代 宮 考 學 昨 日 方 只

공부한 날   월   일

오늘 배운 한자를 다시 써 보세요.

遠 멀 원

近 가까울 근

오늘 배운 한자를 다시 익혀 보세요.

1 다음 한자성어의 뜻을 골라 보세요. (   )

近墨者黑 근묵자흑

① 평범한 사람 가운데 뛰어난 사람을 나타내는 말
② 나쁜 사람을 가까이하면 그 버릇에 물들기 쉽다는 말
③ 재능이 뛰어난 사람은 숨어 있어도 남의 눈에 드러난다는 말

2 다음 밑줄 친 말에 해당하는 한자를 **보기**에서 찾아 써 보세요.

보기

遠   近   隔   郊

(1) 우리는 드론을 <u>원격</u>으로 조종했다.   → __________

(2) 우리 가족은 주말을 맞아 <u>근교</u>로 여행을 떠났다.   → __________

오늘 배운 낱말을 확인해 보세요.

1 다음 문장에 어울리는 낱말을 골라 ○표 하세요.

(1) 나는 동생과 싸워서 관계가 (소란 / 소원)해졌다.

(2) 우리나라 축구 대표팀은 유럽으로 (원정 / 원망) 경기를 떠났다.

(3) 내가 좋아하는 참치는 (원수 / 원양)에서 대부분 잡힌다.

(4) 전염병이 돌자 우리 학교는 (원격 / 원정) 수업을 하였다.

2 '근(近)'이 들어간 보기의 낱말 중 빈칸에 알맞은 낱말을 골라 써 보세요.

보기

근위	근처	근시

(1) 우리는 집 [   ]에서 만나 떡볶이를 먹었다.

(2) 나는 갑자기 [   ]가 되어 안경을 맞추어야 했었다.

(3) 그는 뛰어난 무술 실력으로 왕의 [   ] 대장이 되었다.

맞힌 개수 　/ 10　　★ 오늘 배운 한자　遠 近 隔 疏 征 洋 衛 郊 處 視

공부한 날   월   일

오늘 배운 한자를 다시 써 보세요.

少 적을 소

多 많을 다

오늘 배운 한자를 다시 익혀 보세요.

1 다음 한자성어의 뜻을 골라 보세요.   (   )

多多益善 다다익선

① 많으면 많을수록 더욱 좋다는 말

② 환경에 따라 선하게도 되고 악하게도 된다는 말

③ 무슨 일을 오래 하면 자연히 할 줄 알게 된다는 말

2 다음 밑줄 친 말에 해당하는 한자를 **보기**에서 찾아 써 보세요.

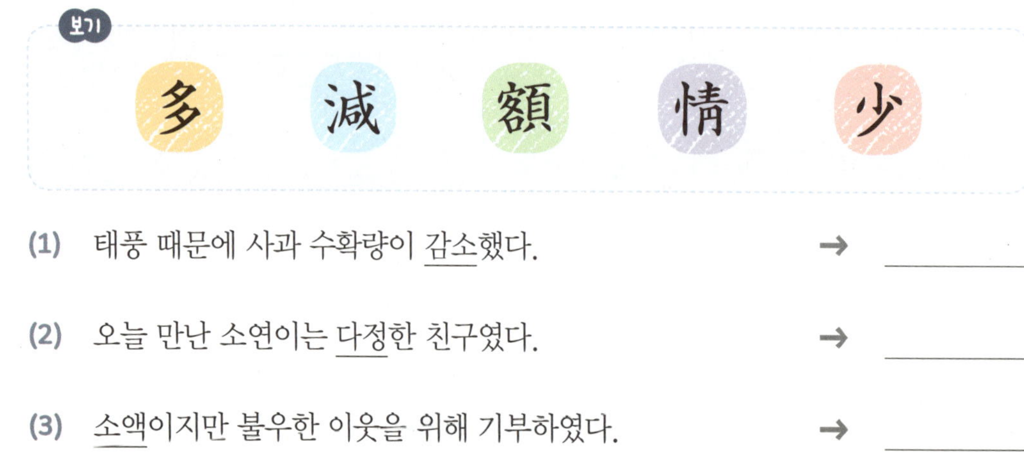

(1) 태풍 때문에 사과 수확량이 감소했다.   → ________

(2) 오늘 만난 소연이는 다정한 친구였다.   → ________

(3) 소액이지만 불우한 이웃을 위해 기부하였다.   → ________

오늘 배운 낱말을 확인해 보세요.

1 다음 문장의 빈칸에 들어갈 알맞은 낱말을 찾아 색칠해 보세요.

(1) 그들은 [   ]의 의견도 존중해 주었다.

> 소수   소질

(2) 유미는 용돈이 [   ]이라 실망하였다.

> 소망   소액

(3) 오랜만에 만난 조카는 [   ]으로 자라 있었다.

> 소년   검소

2 다음 문장의 빈칸에 들어갈 알맞은 낱말을 찾아 선으로 이어 보세요.

(1) 이 교차로는 사고 (   ) 지역이다.   •   • 다수

(2) 그 배우는 (   )의 작품을 찍었다.   •   • 다각

(3) 문제 해결 방법을 (   )으로 찾아보았다.   •   • 다발

 맞힌 개수 [/ 10]   오늘 배운 한자   少 多 數 減 額 年 情 角 發

 오늘 배운 한자를 다시 써 보세요.

重 무거울 중

輕 가벼울 경

 오늘 배운 한자를 다시 익혀 보세요.

1 다음 한자성어의 뜻을 골라 보세요. (   )

輕擧妄動 경거망동

① 물음과 전혀 상관없는 엉뚱한 대답을 이르는 말
② 같은 처지의 사람들이 서로 더 잘 이해한다는 말
③ 도리나 사정은 생각하지 않고 경솔하게 행동한다는 말

2 와 같이 다음 밑줄 친 한자어의 독음을 써 보세요.

보기

有形 → 유형

(1) 지구가 물체를 끌어당기는 힘을 <u>重力</u>이라고 한다. → __________

(2) 내 동생은 꿈틀거리는 벌레를 무섭다며 <u>輕蔑</u>하였다. → __________

 오늘 배운 낱말을 확인해 보세요.

1 다음 문장에 어울리는 낱말을 골라 ○표 하세요.

(1) 나는 무엇보다 가족이 (소망 / 소중)하다.

(2) 비행기에 실을 가방의 (중량 / 중심)이 무거웠다.

(3) 도로 공사로 인해 교통 체증이 (가속 / 가중)되었다.

(4) 달이 지구 주위를 도는 것은 지구의 (중력 / 중량) 때문이다.

2 '경(輕)'이 들어간 보기 의 낱말 중 빈칸에 알맞은 낱말을 골라 써 보세요.

보기

경솔　　　　　경량　　　　　경감

(1) 겨울을 맞아 [　　　　] 패딩을 구매하였다.

(2) 그는 [　　　　] 하게 행동하다 넘어지고 말았다.

(3) 올해부터 농어민들의 세금이 [　　　　] 되었다.

맞힌 개수　　/ 10　　　 오늘 배운 한자　重 輕 所 量 力 加 蔑 率 量 減

 오늘 배운 한자를 다시 써 보세요.

不 아닐 부(불)

可 옳을 가

 오늘 배운 한자를 다시 익혀 보세요.

1 다음 한자성어의 뜻을 골라 보세요.　　　　　（　　　）

莫無可奈 막무가내

① 도무지 어찌할 수 없다는 말

② 높은 지위에 오를수록 스스로 겸손해야 한다는 말

③ 겉으로는 복종하는 체하면서 속으로는 배반한다는 말

2 다음 밑줄 친 말에 해당하는 한자를 **보기** 에서 찾아 써 보세요.

보기

不　　許　　能　　良　　可

(1) 오늘 산 냉장고는 불량 상품이었다.　　→ ________

(2) 우리 가족은 숲에서 캠핑을 해도 된다는 허가를 받았다.　　→ ________

(3) 미래에는 우주 여행도 가능할 것이다.　　→ ________

오늘 배운 낱말을 확인해 보세요.

1 다음 문장의 빈칸에 들어갈 알맞은 낱말을 찾아 색칠해 보세요.

(1) 우리가 먹기에 준비된 음식이 [   ]하였다

- 부족
- 만족

(2) 그는 [   ]한 방법으로 재산을 모아 비난을 받았다.

- 정직
- 부정

(3) 번개가 [   ] 몇 분 사이에 수십 번이나 쳤다.

- 불과
- 불만

2 다음 문장의 빈칸에 들어갈 알맞은 낱말을 찾아 선으로 이어 보세요.

(1) 우리는 (   )을/를 잘 분별하는 사람이 되어야 한다. • ... • 가능

(2) 억지로 우는 체하는 친구의 모습이 (   )이었다. • ... • 가부

(3) 그 선수는 우승을 (   ) 하게 만들었다. • ... • 가관

 맞힌 개수 [/ 10]

 오늘 배운 한자   不 可 足 良 正 過 能 觀 否 許

공부한 날   월   일

 오늘 배운 한자를 다시 써 보세요.

新 새 신

舊 옛 구

 오늘 배운 한자를 다시 익혀 보세요.

1 다음 한자성어의 뜻을 골라 보세요.   (   )

溫故知新 온고지신

① 지금까지 한 번도 있어 본 적이 없다는 말
② 옛것을 익히고 그것을 미루어서 새것을 안다는 말
③ 자기의 힘은 헤아리지 않고 강자에게 함부로 덤빈다는 말

2 다음 밑줄 친 말에 해당하는 한자를 보기 에서 찾아 써 보세요.

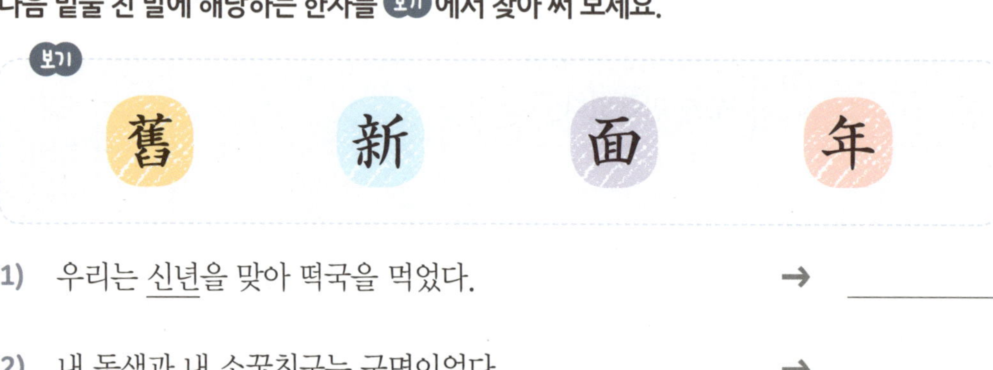

(1)   우리는 <u>신년</u>을 맞아 떡국을 먹었다.   → __________

(2)   내 동생과 내 소꿉친구는 <u>구면</u>이었다.   → __________

 **오늘 배운 낱말을 확인해 보세요.**

1 다음 문장에 어울리는 낱말을 골라 ○표 하세요.

(1) 학교에 (소식 / 신식) 에어컨이 설치되었다.

(2) 그는 올림픽에서 신기록을 (경신 / 경주)하였다.

(3) 그 작가는 오랜만에 (순간 / 신간) 소설을 발표하였다.

(4) 우리 가족은 (신년 / 신식)을 맞아 다이어트를 하기로 약속하였다.

2 '구(舊)'가 들어간 보기의 낱말 중 빈칸에 알맞은 낱말을 골라 써 보세요.

보기

구식　　　구관　　　친구

(1) 나는 낡고 무거운 [　　　　] 가방을 팔았다.

(2) 우리는 처음 만났지만 곧 [　　　　]이/가 되었다.

(3) 우리는 근무 기간이 끝난 [　　　　]을/를 떠나보냈다.

맞힌 개수 　　/ 10　　★ 오늘 배운 한자　新 舊 年 式 更 刊 面 親 官

오늘 배운 한자를 다시 써 보세요.

才 재주 재

能 능할 능

오늘 배운 한자를 다시 익혀 보세요.

1 다음 한자성어의 뜻을 골라 보세요.   (   )

能小能大 능소능대

① 여러 사람 중에 가장 뛰어나다는 말

② 큰 일이나 작은 일이나 임기응변으로 잘 해낸다는 말

③ 아무런 생각 없이 남이 하는 대로 덩달아 행동한다는 말

2 보기 와 같이 다음 밑줄 친 한자어의 독음을 써 보세요.

보기

有形 → 유형

(1) 우리 누나는 과학을 잘하는 <u>秀才</u>이다. → __________

(2) 주아는 퍼즐을 완성할 <u>能力</u>이 있었다. → __________

(3) 시민들은 재난 대응 훈련에 <u>能動</u>적으로 참여하였다. → __________

 오늘 배운 낱말을 확인해 보세요.

1 다음 문장의 빈칸에 들어갈 알맞은 낱말을 찾아 색칠해 보세요.

(1) 재준이는 [   ]을/를 잘하여 인기가 많았다.

재미   재담

(2) 누나는 여러 악기를 연주하는 [   ]을/를 가졌다.

다재   다양

(3) 주아는 가야금 연주 실력이 뛰어나 [   ]로 인정받았다.

존재   귀재

2 다음 문장의 빈칸에 들어갈 알맞은 낱말을 찾아 선으로 이어 보세요.

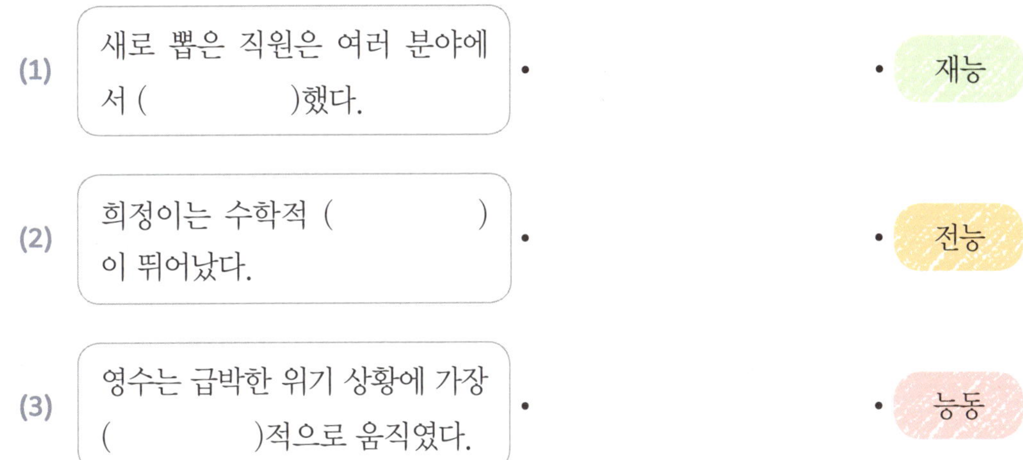

(1) 새로 뽑은 직원은 여러 분야에서 (   )했다. • | • 재능

(2) 희정이는 수학적 (   )이 뛰어났다. • | • 전능

(3) 영수는 급박한 위기 상황에 가장 (   )적으로 움직였다. • | • 능동

 맞힌 개수   / 10    오늘 배운 한자   才 能 談 秀 多 鬼 力 全 動

오늘 배운 한자를 다시 써 보세요.

紙	紙			
종이 지				
字	字			
글자 자				

오늘 배운 한자를 다시 익혀 보세요.

1 다음 한자성어의 뜻을 골라 보세요.   (   )

> ### 不立文字 불립문자

① 아무리 기다려도 실현될 가능성이 없다는 말
② 사방을 둘러보아도 의지할 곳이 전혀 없다는 말
③ 말이나 글에 집착하지 않고 마음에서 마음으로 뜻을 전하고 깨닫는다는 말

2 다음 밑줄 친 말에 해당하는 한자를 **보기** 에서 찾아 써 보세요.

(1) 나는 친구의 생일을 축하하기 위해 <u>편지</u>를 썼다.   → _______

(2) 우리는 열 개의 아라비아 <u>숫자</u>를 사용하고 있다.   → _______

 오늘 배운 낱말을 확인해 보세요.

1 다음 문장에 어울리는 낱말을 골라 ○표 하세요.

(1) 이 종이는 재생 용지로 만들어 (지면 / 지식)이 거칠다.

(2) 나는 매일 배달 오는 (주간지 / 일간지)를 구독하였다.

(3) 우리는 고급 (한지 / 한파)에 먹으로 동양화를 그렸다.

(4) 요즘은 (편지 / 한지)보다는 문자 메시지를 더 많이 보낸다.

2 '자(字)'가 들어간 **보기**의 낱말 중 빈칸에 알맞은 낱말을 골라 써 보세요.

보기

한자	문자	영문자

(1) 나는 [＿＿＿＿] 로 적힌 영국 작가의 책을 큰 소리로 읽었다.

(2) 하늘이는 핸드폰으로 [＿＿＿＿] 메시지를 써서 선생님께 보냈다.

(3) 우리나라 이름은 [＿＿＿＿] 로 '大韓民國'이라고 쓴다.

 맞힌 개수 ＿＿ / 10 ★ 오늘 배운 한자 紙 字 面 日 刊 便 韓 漢 文 英 數

 오늘 배운 한자를 다시 써 보세요.

 오늘 배운 한자를 다시 익혀 보세요.

1 다음 한자성어의 뜻을 골라 보세요. (   )

本末顚倒 본말전도

① 일의 처음과 나중이 뒤바뀐다는 말
② 쓸데없는 짓을 하여 도리어 잘못되게 한다는 말
③ 작은 것을 탐내다가 큰 것을 잃을 수도 있다는 말

2 다음 밑줄 친 말에 해당하는 한자를 보기 에서 찾아 써 보세요.

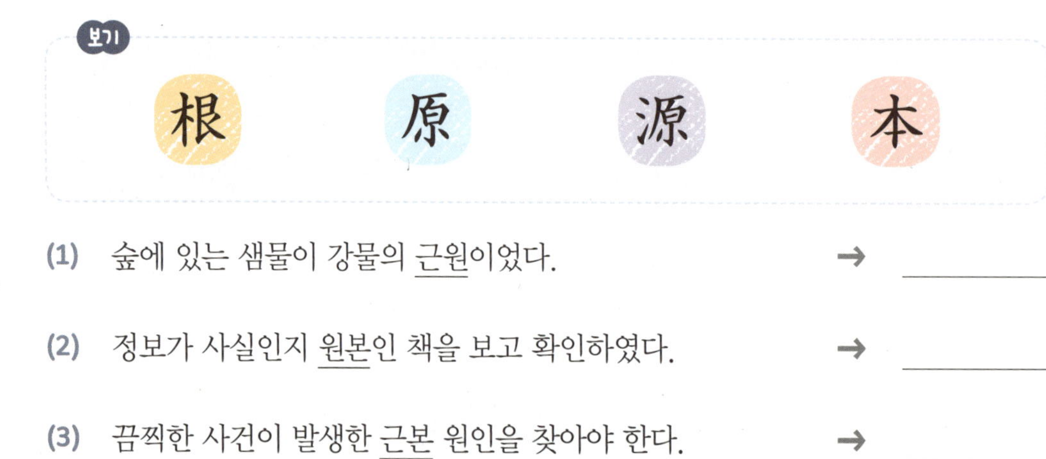

(1) 숲에 있는 샘물이 강물의 <u>근원</u>이었다. → __________

(2) 정보가 사실인지 <u>원본</u>인 책을 보고 확인하였다. → __________

(3) 끔찍한 사건이 발생한 <u>근본</u> 원인을 찾아야 한다. → __________

 오늘 배운 낱말을 확인해 보세요.

1 다음 문장의 빈칸에 들어갈 알맞은 낱말을 찾아 색칠해 보세요.

(1) 그는 자신이 범인이 아니라는 [ ]를 제시했다.

> 근처　　　　근거

(2) 이상 기후는 지구 온난화가 [ ] 원인이다.

> 근본　　　　근거

(3) [ ]을 간장과 설탕에 조려서 조림으로 만들었다.

> 출근　　　　연근

2 다음 문장의 빈칸에 들어갈 알맞은 낱말을 찾아 선으로 이어 보세요.

(1) 나는 그를 성공의 (　　　) (으)로 삼았다. ・

・ 본래

(2) 이 책은 조선 시대 책을 베껴 적은 (　　　)이다. ・

・ 사본

(3) 건물이 낡아서 (　　　)의 모습을 잃어버렸다. ・

・ 표본

 맞힌 개수　　/ 10

 오늘 배운 한자　根 本 據 源 本 蓮 原 來 標 寫

오늘 배운 한자를 다시 써 보세요.

形	形 모양 형		
成	成 이룰 성		

오늘 배운 한자를 다시 익혀 보세요.

1 다음 한자성어의 뜻을 골라 보세요.　　　　　　(　　　)

大器晩成　대기만성

① 늦은 나이가 되어 성공한다는 말
② 늘 책을 가까이하여 학문을 열심히 한다는 말
③ 글자를 아는 것이 오히려 근심거리가 된다는 말

2 보기 와 같이 다음 밑줄 친 한자어의 독음을 써 보세요.

보기

有形　→　유형

(1)　코가 부러진 친구는 코를 <u>成形</u>하는 수술을 받았다.　→ ________

(2)　하늘이는 열심히 노력하여 마침내 발명에 <u>成功</u>하였다.　→ ________

오늘 배운 낱말을 확인해 보세요.

1 다음 문장에 어울리는 낱말을 골라 ○표 하세요.

(1) 큰 강의 근처에서 나라가 (형성 / 정성)되었다.

(2) 안개가 걷히자 바다 위에 떠 있는 배의 (형제 / 형체)가 보였다.

(3) 그 조각은 거북이 (형상 / 상황)을 하고 있었다.

(4) 나는 손가락이 부러져 (성숙 / 성형) 수술을 받았다.

2 '성(成)'이 들어간 보기의 낱말 중 빈칸에 알맞은 낱말을 골라 써 보세요.

> **보기**
>
> 성장　　　　성숙　　　　완성

(1) 나는 다섯 시간만에 그림을 [　　　　]하였다.

(2) 농부는 병아리의 [　　　　] 과정을 관찰하였다.

(3) 아이들은 싸우고 화해하는 과정에서 마음이 [　　　　]하였다.

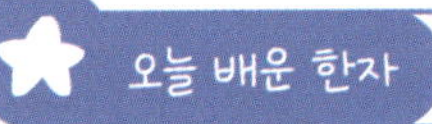

오늘 배운 한자를 다시 써 보세요.

他 다를 타

者 놈 자

오늘 배운 한자를 다시 익혀 보세요.

1　다음 한자성어의 뜻을 골라 보세요.　　　　　　　（　　　）

會者定離 회자정리

① 약한 자가 강한 자에게 먹힌다는 말

② 만나면 언젠가는 헤어지게 된다는 말

③ 나쁜 사람을 가까이하면 그 버릇에 물들기 쉽다는 말

2　다음 밑줄 친 말에 해당하는 한자를 **보기** 에서 찾아 써 보세요.

보기

記　　社　　話　　他　　者

(1)　<u>타사</u>에서 온 서류를 사장님께 전달하였다.　　→ ________

(2)　그는 사건의 사실을 전하는 진실한 <u>기자</u>가 되었다.　　→ ________

(3)　청자는 <u>화자</u>의 말을 귀 기울여 들어야 한다.　　→ ________

 **오늘 배운 낱말을 확인해 보세요.**

1 다음 문장의 빈칸에 들어갈 알맞은 낱말을 찾아 색칠해 보세요.

(1) 행동할 때는 [   ]에게 피해를 주지 말아야 한다.

타인   하인

(2) 아빠는 은행에 가서 돈을 [   ]으로 보냈다.

타협   타행

(3) 우리는 사회에서 [   ]와 어울려 살아야 한다.

타자   타파

2 다음 문장의 빈칸에 들어갈 알맞은 낱말을 찾아 선으로 이어 보세요.

(1) 나는 이야기의 (   )가 되어 책을 읽었다.

• 저자

(2) 사건의 (   )를 보호해야 한다.

• 화자

(3) 그는 동화를 쓰는 (   )가 되었다.

• 피해자

 맞힌 개수   / 10

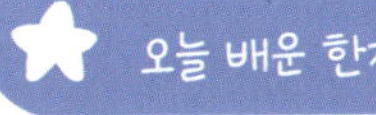 오늘 배운 한자 他 者 人 社 行 記 著 被 害 話

공부한 날   월   일

오늘 배운 한자를 다시 써 보세요.

用 쓸 용

消 사라질 소

오늘 배운 한자를 다시 익혀 보세요.

1 다음 한자성어의 뜻을 골라 보세요.   (   )

用意周到 용의주도

① 둘 중 하나를 가려잡는다는 말
② 말이 조금도 이치에 맞지 않는다는 말
③ 어떤 일이든 준비가 완벽하여 실수가 없다는 말

2 다음 밑줄 친 말에 해당하는 한자를 **보기**에서 찾아 써 보세요.

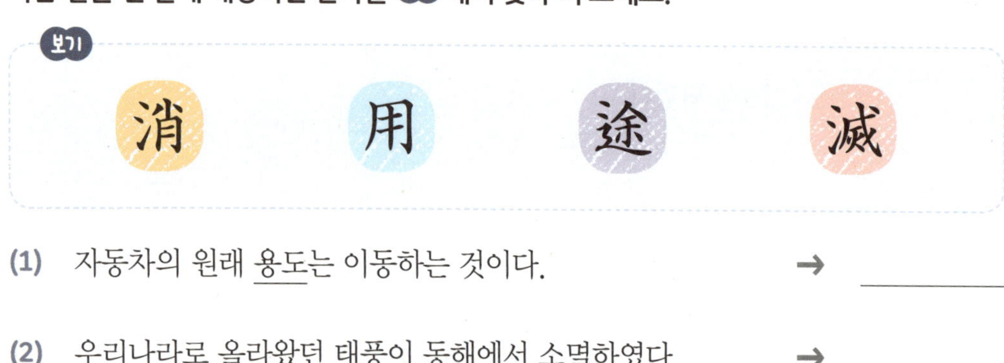

보기

消   用   途   滅

(1)   자동차의 원래 <u>용도</u>는 이동하는 것이다.   → __________

(2)   우리나라로 올라왔던 태풍이 동해에서 <u>소멸</u>하였다.   → __________

오늘 배운 낱말을 확인해 보세요.

1 다음 문장에 어울리는 낱말을 골라 ○표 하세요.

(1) 그 물건은 아무 (고용 / 소용)이 없었다.

(2) 간식을 만드는 데 과일을 (사용 / 내용)했다.

(3) 약의 (효도 / 효용)을/를 보려면 제때에 먹어야 한다.

(4) 물건을 고치려면 (용도 / 용모)에 맞는 연장이 필요하다.

2 '소(消)'가 들어간 **보기**의 낱말 중 빈칸에 알맞은 낱말을 골라 써 보세요.

보기

| 해소 | 소거 | 소식 |

(1) 공원에 꽃이 피었다는 [ ]을/를 들었다.

(2) 우리 마을에서는 도로를 넓혀서 교통 체증을 [ ]하였다.

(3) 학교 담장에 그려진 낙서를 [ ]하였다.

맞힌 개수 　 / 10　　　★ 오늘 배운 한자 　用 消 所 使 途 效 減 解 息 去

오늘 배운 한자를 다시 써 보세요.

任 맡길 임

命 목숨 명

오늘 배운 한자를 다시 익혀 보세요.

1 다음 한자성어의 뜻을 골라 보세요.   (   )

① 처지를 바꾸어 생각해 본다는 말

② 여러 사람이 합심하면 한 사람을 돕기 쉽다는 말

③ 나라의 위태로운 모습을 보고 목숨을 바친다는 말

2 **보기**와 같이 다음 밑줄 친 한자어의 독음을 써 보세요.

보기

有形 → 유형

(1) 수연이는 합창 대회에서 지휘자의 <u>任務</u>를 맡았다. → _________

(2) 모든 살아 있는 것은 <u>生命</u>이 가장 중요하다. → _________

(3) 그는 자신이 저지른 일에 <u>責任</u>을 졌다. → _________

 오늘 배운 낱말을 확인해 보세요.

1 다음 문장의 빈칸에 들어갈 알맞은 낱말을 찾아 색칠해 보세요.

(1) 그는 일의 책임자로 [   ] 되었다.

임명   설명

(2) 수진이는 회사에서 맡은 [   ] 을 다하였다.

모임   소임

(3) 자신이 한 일은 스스로 [   ] 을 져야 한다.

책임   책정

2 다음 문장의 빈칸에 들어갈 알맞은 낱말을 찾아 선으로 이어 보세요.

(1) 인간의 (   )이 점점 늘어나고 있다.   연명

(2) 구조대는 숲에서 (   ) 하던 사람을 구조했다.   명령

(3) 장군은 군인들에게 운동장으로 모이라고 (   )하였다.   수명

 맞힌 개수   / 10

 오늘 배운 한자   任 命 所 責 務 生 壽 令 延

 오늘 배운 한자를 다시 써 보세요.

同 한가지 동

共 한가지 공

 오늘 배운 한자를 다시 익혀 보세요.

1 다음 한자성어의 뜻을 골라 보세요.　　　　　　　（　　　）

同苦同樂 동고동락

① 자나 깨나 잊지 못한다는 말
② 같이 고생하고 같이 즐긴다는 말
③ 한 가지 일을 하여 두 가지 이익을 얻는다는 말

2 다음 밑줄 친 말에 해당하는 한자를 **보기** 에서 찾아 써 보세요.

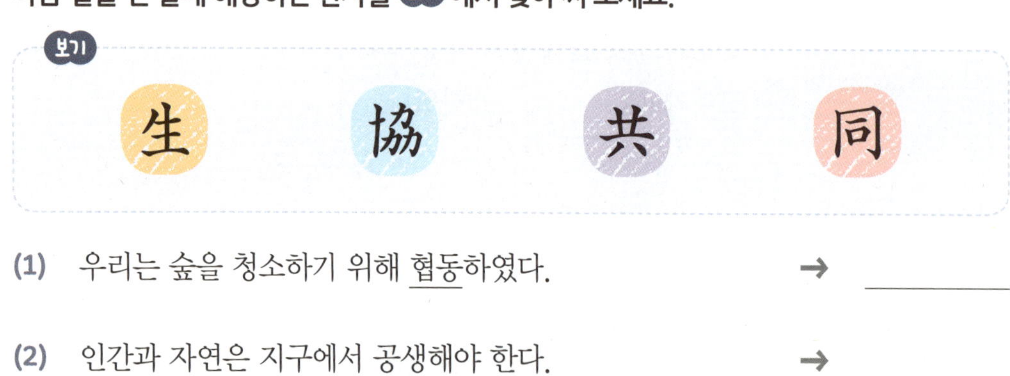

(1)　우리는 숲을 청소하기 위해 <u>협동</u>하였다.　→ ________

(2)　인간과 자연은 지구에서 <u>공생</u>해야 한다.　→ ________

 오늘 배운 낱말을 확인해 보세요.

1 다음 문장에 어울리는 낱말을 골라 ○표 하세요.

(1) 그 회사는 물건을 (동일 / 통일) 크기로 만들었다.

(2) 비행기 승객들은 (동행 / 동등)하게 대우를 받았다.

(3) 그들은 카페에서 오랜만에 (회복 / 회동)을 가졌다.

(4) 마을 사람들은 수해 복구를 위해 모두 (협동 / 협찬)하였다.

2 '공(共)'이 들어간 **보기**의 낱말 중 빈칸에 알맞은 낱말을 골라 써 보세요.

보기

| 공통 | 공공 | 공용 |

(1) 주민센터는 주민들이 이용하는 ☐☐☐☐ 기관이다.

(2) 영어는 세계에서 ☐☐☐☐의 언어로 쓰이고 있다.

(3) 이 건물은 화장실을 남녀가 ☐☐☐☐으로 사용하였다.

맞힌 개수 ___ / 10   오늘 배운 한자 同 共 一 等 協 會 通 公 用 生

 오늘 배운 한자를 다시 써 보세요.

급할 급

빠를 속

 오늘 배운 한자를 다시 익혀 보세요.

1 다음 한자성어의 뜻을 골라 보세요. (　　　)

速戰速決 속전속결

① 잘못한 사람이 도리어 잘한 사람을 나무란다는 말

② 같은 사람의 말이나 행동이 앞뒤가 서로 맞지 않는다는 말

③ 싸움을 오래 끌지 않고 될 수 있는 대로 재빨리 싸워 끝낸다는 말

2 다음 밑줄 친 말에 해당하는 한자를 보기 에서 찾아 써 보세요.

보기

速　　急　　加　　性

(1) 친구는 <u>급성</u> 맹장으로 병원에 입원하였다.　→ ________

(2) 빗방울은 하늘에서 땅으로 떨어질 때 속도가 <u>가속</u>된다.　→ ________

(3) 새로 산 충전기는 <u>급속</u>으로 충전이 가능하다.　→ ________

 오늘 배운 낱말을 확인해 보세요.

1 다음 문장의 빈칸에 들어갈 알맞은 낱말을 찾아 색칠해 보세요.

(1) 우리나라 경제는 [   ]으로 발전하였다.

급냉   급속

(2) 주완이는 늦잠을 자는 바람에 여행을 [   ]하게 떠났다.

다량   다급

(3) 나는 [   ] 열차를 타고 서울에서 부산으로 내려갔다.

급행   급락

2 다음 문장의 빈칸에 들어갈 알맞은 낱말을 찾아 선으로 이어 보세요.

(1) 나는 바둑을 (   )으로 배웠다.

속력

(2) 나는 빨간색 자전거를 빌려 타고 (   )으로 달려갔다.

쾌속

(3) 그는 차의 (   )을 낮추었다.

속성

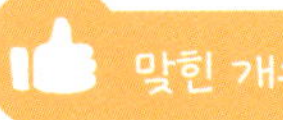 맞힌 개수   / 10

 오늘 배운 한자   急 速 多 行 性 力 成 快 加

 오늘 배운 한자를 다시 써 보세요.

| 全 | 全
온전할 전 | | |
| 完 | 完
완전할 완 | | |

 오늘 배운 한자를 다시 익혀 보세요.

1 다음 한자성어의 뜻을 골라 보세요.　　　　　　　　(　　　)

全知全能　전지전능

① 걱정이 있어 뒤척거리며 잠을 못 이룬다는 말
② 자기가 저지른 일의 결과를 자기가 받는다는 말
③ 어떤 일이든 다 알고 행동하는 능력을 이르는 말

2 **보기**와 같이 다음 밑줄 친 한자어의 독음을 써 보세요.

보기

有形　→　유형

(1) 소풍을 가기 위해 학생 全體가 운동장에 모였다.　→ ________

(2) 나는 마트에 다녀오라는 엄마의 심부름을 完遂했다.　→ ________

 **오늘 배운 낱말을 확인해 보세요.**

1 다음 문장에 어울리는 낱말을 골라 ○표 하세요.

(1) 우리는 한옥을 (온순 / 온전)하게 보존하기 위해 노력하고 있다.

(2) 그 꽃 가게는 (전국 / 전망)으로 꽃 배달을 하였다.

(3) 우리는 자연 환경을 깨끗하게 (운전 / 보전)해야 한다.

(4) 우리 반 (전체 / 전제) 중 절반이 감기에 걸려 아팠다.

2 '완(完)'이 들어간 보기 의 낱말 중 빈칸에 알맞은 낱말을 골라 써 보세요.

보기

완전	완료	미완

(1) 나는 바닷가에서 모래성 쌓기를 [   ] 하였다.

(2) 그들의 사랑은 결국 이루어지지 않은 채 [   ] 으로 남았다.

(3) 십 년 동안 방송되었던 드라마가 드디어 [   ] 히 끝났다.

맞힌 개수 [/ 10]　　오늘 배운 한자　全 完 穩 體 保 國 了 逐 未

 오늘 배운 한자를 다시 써 보세요.

높을 고

높을 탁

 오늘 배운 한자를 다시 익혀 보세요.

1 다음 한자성어의 뜻을 골라 보세요.   (   )

高聲放歌 고성방가

① 일을 자주 뜯어고친다는 말

② 이미 한 말을 자꾸 되풀이한다는 말

③ 큰 소리로 떠들고 마구 노래 부른다는 말

2 다음 밑줄 친 말에 해당하는 한자를 **보기** 에서 찾아 써 보세요.

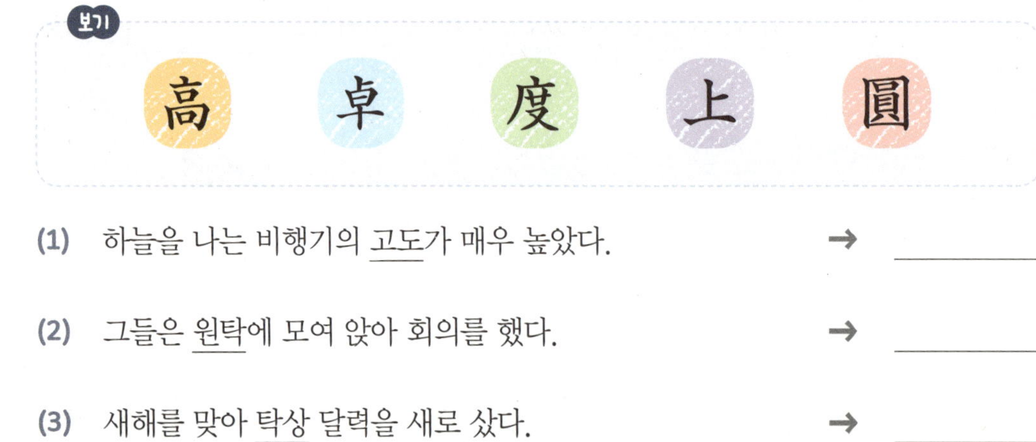

(1) 하늘을 나는 비행기의 <u>고도</u>가 매우 높았다.   → ________

(2) 그들은 <u>원탁</u>에 모여 앉아 회의를 했다.   → ________

(3) 새해를 맞아 <u>탁상</u> 달력을 새로 샀다.   → ________

 **오늘 배운 낱말을 확인해 보세요.**

1 다음 문장의 빈칸에 들어갈 알맞은 낱말을 찾아 색칠해 보세요.

(1) 나는 그림을 그리는 ☐ 한 취미를 가졌다.

환상　　　　고상

(2) 그 가수는 감기에 걸려서 ☐ 을 내지 못했다.

고성　　　　고민

(3) 하얀 학이 숲에 서 있는 모습이 ☐ 하게 보였다.

고고　　　　사고

2 다음 문장의 빈칸에 들어갈 알맞은 낱말을 찾아 선으로 이어 보세요.

(1) 그의 연기 실력은 (　　　　) 했다.　　　　• 탁자

(2) 아빠는 (　　　　)에 놓인 물병을 치우셨다.　　　　• 탁월

(3) (　　　　) 위에는 맛있는 음식들이 가득 차려져 있었다.　　　　• 탁상

 맞힌 개수　/ 10　　 오늘 배운 한자　高 卓 尚 聲 孤 度 子 越 圓 上

공부한 날 　월　일

오늘 배운 한자를 다시 써 보세요.

오늘 배운 한자를 다시 익혀 보세요.

1 다음 한자성어의 뜻을 골라 보세요. 　　　　　　(　　)

敗家亡身 **패가망신**

① 집안의 재산을 모두 쓰고 몸을 망친다는 말
② 같은 처지의 사람들끼리 어울려 행동한다는 말
③ 이러지도 저러지도 못하는 어려운 처지를 나타내는 말

2 다음 밑줄 친 말에 해당하는 한자를 **보기** 에서 찾아 써 보세요.

(1) 그는 뛰다가 접시를 깨는 <u>실수</u>를 하였다. 　→ ________

(2) 그들은 준비를 열심히 하지 않아 경기에서 <u>완패</u>하였다. 　→ ________

 **오늘 배운 낱말을 확인해 보세요.**

1 다음 문장에 어울리는 낱말을 골라 ○표 하세요.

(1) 그는 상대 선수의 실수로 (실력 / 실격)을 당했다.

(2) 그는 공을 눈에 맞는 바람에 (실족 / 실명)할 뻔하였다.

(3) 그녀가 적과 싸울 전의를 (상실 / 성실)했다.

(4) 나는 졸다가 가방을 버스에 놓고 내리는 (실수 / 실토)를 하였다.

2 '패(敗)'가 들어간 보기 의 낱말 중 빈칸에 알맞은 낱말을 골라 써 보세요.

보기

| 패배 | 실패 | 불패 |

(1) 우리 팀은 세 번의 경기에서 3전 3승으로 [ ]하였다.

(2) 그는 사업의 [ ]로 모아 둔 재산을 전부 잃었다.

(3) 그 선수는 아파서 연습을 제대로 하지 못해 시합에서 [ ]하였다.

 오늘 배운 한자를 다시 써 보세요.

光 빛 광

明 밝을 명

 오늘 배운 한자를 다시 익혀 보세요.

1 다음 한자성어의 뜻을 골라 보세요.　　　　　　(　　　)

明明白白 명명백백

① 작은 것을 크게 불리어 떠벌린다는 말

② 아주 똑똑하게 나타나 의문의 여지가 없다는 말

③ 바람 앞의 등불처럼 매우 위태로운 처지를 나타내는 말

2 **보기**와 같이 다음 밑줄 친 한자어의 독음을 써 보세요.

보기

有形　→　유형

(1)　우주에서 가장 빠른 것은 光速이다.　→ ＿＿＿＿

(2)　바다에서 해가 올라오자 黎明이 밝아왔다.　→ ＿＿＿＿

(3)　그가 이 사건의 진짜 범인인 것이 分明하다.　→ ＿＿＿＿

오늘 배운 낱말을 확인해 보세요.

1 다음 문장의 빈칸에 들어갈 알맞은 낱말을 찾아 색칠해 보세요.

(1) 전등을 새것으로 갈자 [　　　]이 방 안에 가득 찼다.

광명　　　　광경

(2) 번개가 치자 [　　　]이 번쩍였다.

섬멸　　　　섬광

(3) 안드로메다은하는 지구에서 250만 [　　　]이나 떨어져 있다.

광장　　　　광년

2 다음 문장의 빈칸에 들어갈 알맞은 낱말을 찾아 선으로 이어 보세요.

(1) 그 작가의 글은 (　　　　)하고 간결했다.　　•

•　명백

(2) 그녀는 (　　　　) 자신의 생각을 말했다.　　•

•　명료

(3) 그 범인의 잘못이 (　　　　)하게 드러났다.　　•

•　분명

 맞힌 개수　　/ 10　　★ 오늘 배운 한자　　光 明 速 閃 年 白 瞭 分 黎

오늘 배운 한자를 다시 써 보세요.

結　맺을 결

果　실과 과

오늘 배운 한자를 다시 익혀 보세요.

1　다음 한자성어의 뜻을 골라 보세요.　　　　　　　　　(　　　　)

結草報恩　결초보은

① 고생 끝에 즐거움이 온다는 말
② 학의 목처럼 목을 길게 빼고 간절히 기다린다는 말
③ 죽어 혼이 되더라도 입은 은혜를 잊지 않고 갚는다는 말

2　다음 밑줄 친 말에 해당하는 한자를 **보기** 에서 찾아 써 보세요.

> **보기**
>
> 敢　　結　　果　　論

(1)　소설가는 십 년 동안 쓴 소설의 <u>결론</u>을 냈다.　　→ ________

(2)　친구는 <u>과감</u>하게 다리 위에서 번지점프를 하였다.　　→ ________

오늘 배운 낱말을 확인해 보세요.

1 다음 문장에 어울리는 낱말을 골라 ○표 하세요.

(1) 이 경기의 승리는 노력한 (결과 / 결정)이다.

(2) 회장이 회의를 서둘러 (종결 / 종말)하였다.

(3) 가을은 과일과 곡식이 익는 풍요로운 (결말 / 결실)의 계절이다.

(4) 작가는 갑자기 몸이 아파서 이야기의 (결론 / 결심)을 맺지 못했다.

2 '과(果)'가 들어간 **보기**의 낱말 중 빈칸에 알맞은 낱말을 골라 써 보세요.

보기

| 과실 | 과연 | 과수원 |

(1) ☐ 우리는 이 일을 끝낼 수 있을 것인가.

(2) 우리는 복숭아를 따러 ☐ 이 있는 시골에 갔다.

(3) 가족들은 빨갛게 익어 주렁주렁 매달린 ☐ 을 땄다.

맞힌 개수 / 10

★ 오늘 배운 한자 結 果 實 論 終 果 敢 然 樹 園

오늘 배운 한자를 다시 써 보세요.

動 움직일 동

流 흐를 류

오늘 배운 한자를 다시 익혀 보세요.

1 다음 한자성어의 뜻을 골라 보세요.　　　　　　（　　　）

一言一動 일언일동

① 한마디 말과 한 가지 동작이라는 말
② 몹시 마음을 쓰며 애를 태운다는 말
③ 좋은 일 위에 좋은 일이 더하여진다는 말

2 다음 밑줄 친 말에 해당하는 한자를 보기 에서 찾아 써 보세요.

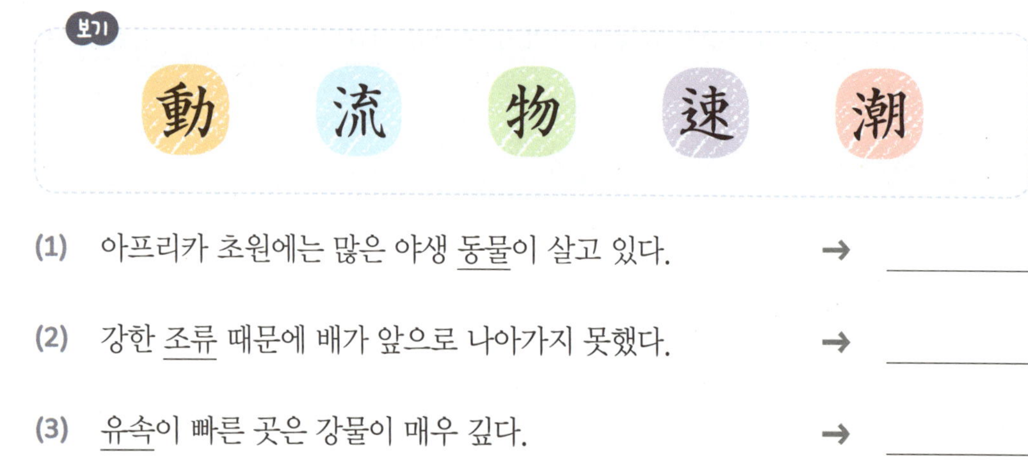

(1) 아프리카 초원에는 많은 야생 동물이 살고 있다.　→ ________

(2) 강한 조류 때문에 배가 앞으로 나아가지 못했다.　→ ________

(3) 유속이 빠른 곳은 강물이 매우 깊다.　→ ________

 오늘 배운 낱말을 확인해 보세요.

1 다음 문장의 빈칸에 들어갈 알맞은 낱말을 찾아 색칠해 보세요.

(1) 우리는 [   ]을 하기 위해 공원에 갔다.

운동 감동

(2) 이 기계는 뜨거워지면 [   ]으로 꺼진다.

이동 자동

(3) 우식이는 다리를 다쳐서 [   ]이 어려웠다.

활용 활동

2 다음 문장의 빈칸에 들어갈 알맞은 낱말을 찾아 선으로 이어 보세요.

(1) 비가 와서 강물의 (   ) 이/가 빨라졌다. • • 유속

(2) (   )한 선으로 동그라미를 그렸다. • • 전류

(3) 콘센트에는 (   )이/가 흐르니 조심해야 한다. • • 유려

 맞힌 개수 / 10

 오늘 배운 한자 動 流 運 物 自 活 速 潮 麗 電

 오늘 배운 한자를 다시 써 보세요.

立 설 립

建 세울 건

 오늘 배운 한자를 다시 익혀 보세요.

1 다음 한자성어의 뜻을 골라 보세요.   (　　　)

立身揚名 입신양명

① 성공하여 고향에 돌아온다는 말

② 출세하여 이름을 세상에 드날린다는 말

③ 큰 소용이 없으나 버리기에는 아까운 것을 이르는 말

2 와 같이 다음 밑줄 친 한자어의 독음을 써 보세요.

보기

有形 → 유형

(1) 아빠는 새로운 회사를 <u>設立</u>하셨다.   → ________

(2) 아빠의 회사에서는 큰 빌딩을 <u>建設</u>하였다.   → ________

오늘 배운 낱말을 확인해 보세요.

1 다음 문장에 어울리는 낱말을 골라 ○표 하세요.

(1) 그는 (직접 / 직립)한 채 푸른 하늘만 올려다보았다.

(2) 친구의 거짓말 때문에 나의 (성장 / 입장)이 난처하였다.

(3) 대학생이 된 누나는 집을 떠나 (자립 / 사립) 생활을 하였다.

(4) 그는 성공한 후 학생들을 가르치기 위해 학교를 (설립 / 독립)하였다.

2 '건(建)'이 들어간 보기의 낱말 중 빈칸에 알맞은 낱말을 골라 써 보세요.

보기

| 창건 | 재건 | 건국 |

(1) 이성계는 1392년에 조선을 [   ]하였다.

(2) 그는 새로운 궁궐을 [   ]하고 이름을 붙였다.

(3) 그들은 불에 타 버린 건물을 [   ]하기로 결정했다.

맞힌 개수 　／ 10　　 오늘 배운 한자　立 建 設 自 直 場 創 再 國

 오늘 배운 한자를 다시 써 보세요.

 오늘 배운 한자를 다시 익혀 보세요.

1 다음 한자성어의 뜻을 골라 보세요.   (   )

安分知足 안분지족

① 실행하지 못할 일을 공연히 의논만 한다는 말

② 아무런 주견 없이 남이 하는 대로 덩달아 행동한다는 말

③ 자기 분수에 만족하여 다른 데 마음을 두지 않는다는 말

2 다음 밑줄 친 말에 해당하는 한자를 **보기** 에서 찾아 써 보세요.

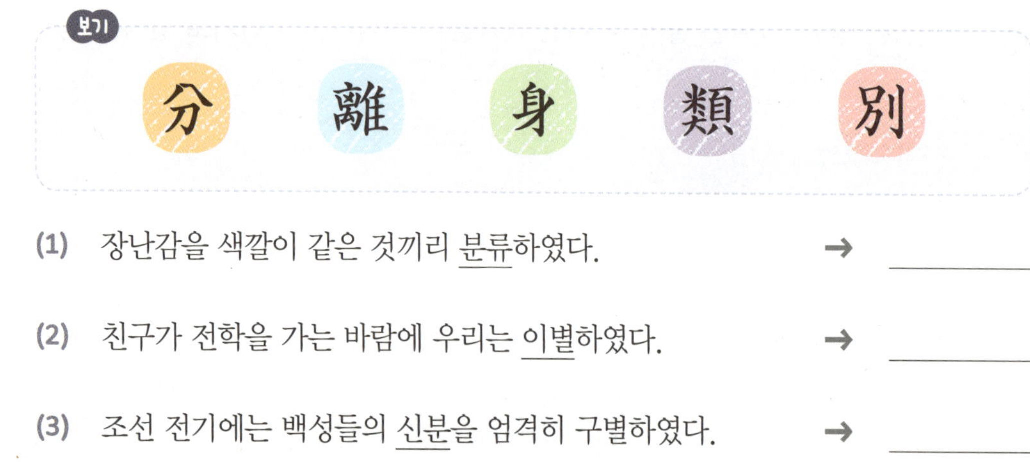

(1) 장난감을 색깔이 같은 것끼리 <u>분류</u>하였다.   → __________

(2) 친구가 전학을 가는 바람에 우리는 <u>이별</u>하였다.   → __________

(3) 조선 전기에는 백성들의 <u>신분</u>을 엄격히 구별하였다.   → __________

오늘 배운 낱말을 확인해 보세요.

1 다음 문장의 빈칸에 들어갈 알맞은 낱말을 찾아 색칠해 보세요.

(1) 나는 읽은 책과 읽을 책을 [　　　]하였다.

구분 　　　　구성

(2) 우리는 [　　　]에 맞지 않는 소비를 하지 말아야 한다.

소수 　　　　분수

(3) 이모는 외교관 [　　　]으로 오랫동안 외국에 나가 있었다.

신용 　　　　신분

2 다음 문장의 빈칸에 들어갈 알맞은 낱말을 찾아 선으로 이어 보세요.

(1) 나는 두 문제를 (　　　　) (이)라고 생각하였다.　•

•　구별

(2) 요즘 옷은 남녀 (　　　　) 이/가 없는 경우가 많다.　•

•　차별

(3) 제품의 품질을 높여서 다른 상품 과 (　　　　)을/를 꾀하였다.　•

•　별개

 맞힌 개수 　　／ 10

 오늘 배운 한자 　分 別 類 區 數 身 差 離 個

공부한 날   월   일

 오늘 배운 한자를 다시 써 보세요.

見 볼 견

現 나타날 현

 오늘 배운 한자를 다시 익혀 보세요.

1 다음 한자성어의 뜻을 골라 보세요.   (   )

見物生心 견물생심

① 물건을 보면 욕심이 생긴다는 말

② 실력에 있어 낮고 못함이 없이 비슷하다는 말

③ 죽어서 백골이 되어도 잊지 못할 큰 은혜를 입었다는 말

2 다음 밑줄 친 말에 해당하는 한자를 보기 에서 찾아 써 보세요.

보기

金   發   現   見

(1)   우리는 갯벌에서 낙지를 <u>발견</u>하였다.   → _______

(2)   나는 가까운 은행에 가서 <u>현금</u>을 찾았다.   → _______

 **오늘 배운 낱말을 확인해 보세요.**

1 다음 문장에 어울리는 낱말을 골라 ○표 하세요.

(1) 친구의 일에 (참견 / 참관)하였다가 우리는 다투었다.

(2) 나는 어제 여의도에 있는 방송국에 (견습 / 견학)을 갔다.

(3) 환경 오염 문제에 대해서 나와 친구는 (견해 / 견제)가 달랐다.

(4) 아마존 정글에서 새로운 생물이 (발견 / 발명)되었다.

2 '현(現)'이 들어간 **보기**의 낱말 중 빈칸에 알맞은 낱말을 골라 써 보세요.

보기

| 현재 | 발현 | 실현 |

(1) 화가는 그림을 통해 아름다움에 대한 생각을 [   ]하였다.

(2) 나는 가수의 꿈을 [   ]하기 위해 오디션에 참가하였다.

(3) 나는 지난 과거보다 [   ]의 삶에 최선을 다하기로 하였다.

 맞힌 개수 ／ 10   ★ 오늘 배운 한자 　見 現 參 學 發 解 在 金 實

 오늘 배운 한자를 다시 써 보세요.

氣 / 氣　기운 기

感 / 感　느낄 감

 오늘 배운 한자를 다시 익혀 보세요.

1 다음 한자성어의 뜻을 골라 보세요.　　　　　　（　　　　）

多情多感 다정다감

① 정이 많고 느낌이 많다는 말
② 매우 위태로운 상태를 이르는 말
③ 자기 힘은 생각하지 않고 강자에게 함부로 덤빈다는 말

2 [보기]와 같이 다음 밑줄 친 한자어의 독음을 써 보세요.

[보기]

有形　→　유형

(1) 空氣는 지구에 사는 생물에게 매우 중요하다.　→ ________

(2) 감독은 자연에서 靈感을 받아 영화를 찍었다.　→ ________

(3) 개는 感覺 중에서 후각이 발달한 동물이다.　→ ________

오늘 배운 낱말을 확인해 보세요.

1 다음 문장의 빈칸에 들어갈 알맞은 낱말을 찾아 색칠해 보세요.

(1) 눈이 왔다 비가 왔다 [ ]이 변덕스러웠다

기상   기술

(2) [ ]가 오른 우리나라 대표팀은 경기에서 우승하였다.

기세   기회

(3) 서늘한 [ ]가 되자 귀뚜라미가 울기 시작했다.

기대   기후

2 다음 문장의 빈칸에 들어갈 알맞은 낱말을 찾아 선으로 이어 보세요.

(1) 학교에서 ( ) 쓰기 대회가 열렸다.   •   • 감정

(2) 벌에 물려 ( )이 마비되었다.   •   • 감각

(3) 나는 싸운 친구와 ( ) 을 풀고 화해하였다.   •   • 독후감

/ 10

氣 感 空 象 勢 候 讀 後 情 靈 覺

 오늘 배운 한자를 다시 써 보세요.

心 마음 심

念 생각 념

 오늘 배운 한자를 다시 익혀 보세요.

1 다음 한자성어의 뜻을 골라 보세요.　　　　　　（　　　）

切齒腐心　절치부심

① 대단히 분하게 여기고 마음을 썩인다는 말
② 모든 일은 반드시 바른길로 돌아간다는 말
③ 사방을 둘러 보아도 의지할 곳이 없다는 말

2 다음 밑줄 친 말에 해당하는 한자를 보기 에서 찾아 써 보세요.

보기

念　　傷　　慮　　心

(1)　나는 친구가 약속을 잊어버리는 바람에 매우 <u>상심</u>하였다.　→ ________

(2)　비가 너무 많이 내리자 산사태가 <u>염려</u>되었다.　→ ________

 오늘 배운 낱말을 확인해 보세요.

1 다음 문장에 어울리는 낱말을 골라 ○표 하세요.

(1) 나는 숙제가 너무 많아 마음이 (심판 / 심란)하였다.

(2) 내 동생은 어려운 친구를 도와줄 정도로 (심상 / 심판)이 곱다.

(3) 왕은 전쟁에서 백성을 구해 (상심 / 민심)을 얻었다.

(4) 우리 팀은 경기에서 패배하여 매우 (상심 / 상실)하였다.

2 '념(念)'이 들어간 보기 의 낱말 중 빈칸에 알맞은 낱말을 골라 써 보세요.

보기

| 신념 | 유념 | 상념 |

(1) 나는 노을을 보며 한동안 [   ]에 잠겨 있었다.

(2) 다음번에는 이런 일이 없도록 [   ]하라고 말하였다.

(3) 나는 '하면 된다'라는 [   ]을 갖고 있었다.

 맞힌 개수   / 10

 오늘 배운 한자 心 念 傷 亂 相 民 信 留 想 慮

 오늘 배운 한자를 다시 써 보세요.

意 뜻 의

情 뜻 정

 오늘 배운 한자를 다시 익혀 보세요.

1 다음 한자성어의 뜻을 골라 보세요. (　　　)

意氣投合 의기투합

① 세상일은 변화가 심하다는 말

② 차라리 모르는 편이 낫다는 말

③ 서로 마음이나 뜻이 맞는다는 말

2 다음 밑줄 친 말에 해당하는 한자를 **보기** 에서 찾아 써 보세요.

(1)　다른 사람에게 피해를 주지 않도록 <u>유의</u>했다.　→ ________

(2)　나는 귀여운 강아지에게 <u>애정</u>을 가졌다.　→ ________

(3)　전학 온 친구에게 웃는 <u>표정</u>으로 대하였다.　→ ________

 오늘 배운 낱말을 확인해 보세요.

1 다음 문장의 빈칸에 들어갈 알맞은 낱말을 찾아 색칠해 보세요.

(1) 두 단어는 같은 [　　　　]로 사용되었다.

의지　　　　　의미

(2) 별이는 동물을 치료하는 사람이 되고 싶다는 [　　　　]가 있었다.

의사　　　　　의료

(3) 동생은 잠이 덜 깼는지 [　　　　]이/가 몽롱하였다.

의식　　　　　유의

2 다음 문장의 빈칸에 들어갈 알맞은 낱말을 찾아 선으로 이어 보세요.

(1) 힘든 사람을 보면 도와주려는 것이 (　　　　)이다. • ・ 표정

(2) 아기 고양이가 너무 귀여워서 (　　　　)이 갔다. • ・ 인정

(3) 친구는 나에게 햇살처럼 밝은 (　　　　)으로 인사하였다. • ・ 정감

 맞힌 개수　　/ 10

 오늘 배운 한자　意 情 味 思 留 識 多 人 感 愛

오늘 배운 한자를 다시 써 보세요.

期 기약할 기

待 기다릴 대

오늘 배운 한자를 다시 익혀 보세요.

1 다음 한자성어의 뜻을 골라 보세요. （　　　）

鶴首苦待　학수고대

① 몹시 기다린다는 말
② 처지를 바꾸어 생각해 본다는 말
③ 약한 자는 강한 자에게 먹힌다는 말

2 <보기>와 같이 다음 밑줄 친 한자어의 독음을 써 보세요.

보기

有形　→　유형

(1)　우리는 방학 때 다시 만나기로 <u>期約</u>하였다.　→ ＿＿＿＿

(2)　우리 가족은 집에 오신 손님을 <u>待接</u>하였다.　→ ＿＿＿＿

오늘 배운 낱말을 확인해 보세요.

1 다음 문장에 어울리는 낱말을 골라 ○표 하세요.

(1) 좋아하는 배우가 나온다는 영화를 (기절 / 기대)하였다.

(2) 방학 (순간 / 기간)에 우리 가족은 해외 여행을 다녀왔다.

(3) 요구르트와 같은 유제품은 (기한 / 내한) 안에 먹어야 한다.

(4) 우리는 다시 만나자는 (기약 / 계약)도 없이 이별하였다.

2 '대(待)'가 들어간 보기의 낱말 중 빈칸에 알맞은 낱말을 골라 써 보세요.

보기

고대   대우   대기

(1) 그는 부당한 [   ]를 받은 것에 화가 났다.

(2) 어릴 적 친구를 다시 만나기를 무척 [   ]하였다.

(3) 우리는 돈가스 맛집에 가서 순서가 될 때까지 [   ]하였다.

맞힌 개수 [   ] / 10   오늘 배운 한자 　期 待 約 限 間 苦 接 機 遇

공부한 날　　월　　일

 오늘 배운 한자를 다시 써 보세요.

| 正 | 正 바를 정 | | |
| 善 | 善 착할 선 | | |

 오늘 배운 한자를 다시 익혀 보세요.

1 다음 한자성어의 뜻을 골라 보세요. (　　　　)

勸善懲惡　권선징악

① 겉과 속이 다르다는 말

② 착한 것을 권하고, 악한 것을 징벌한다는 말

③ 손님이 주인처럼 행동한다는 것으로 입장이 뒤바뀌었다는 말

2 다음 밑줄 친 말에 해당하는 한자를 **보기** 에서 찾아 써 보세요.

> **보기**
>
> 直　　行　　最　　正　　善

(1) 그는 우리 마을에서 가장 <u>정직</u>한 사람이었다. → ＿＿＿＿

(2) 우리 팀은 경기에서 이기기 위해 <u>최선</u>을 다했다. → ＿＿＿＿

(3) 그 배우는 꾸준한 <u>선행</u>으로 칭찬을 받았다. → ＿＿＿＿

 오늘 배운 낱말을 확인해 보세요.

1 다음 문장의 빈칸에 들어갈 알맞은 낱말을 찾아 색칠해 보세요.

(1) 목성 탐사선은 날아가는 궤도를 [　　　　]하였다.

　　　수정　　　　　　　걱정

(2) 양궁 선수가 쏜 화살이 과녁의 [　　　　]을 맞추었다.

　　　굴곡　　　　　　　정곡

(3) [　　　　]인데도 기온이 높아 날씨가 춥지 않았다.

　　　정월　　　　　　　정보

2 다음 문장의 빈칸에 들어갈 알맞은 낱말을 찾아 선으로 이어 보세요.

(1) (　　　　)한 친구는 주운 돈을 경찰서로 가져갔다. • 　 • 선행

(2) 우리는 어려운 주변 사람을 돕는 (　　　　)을 베풀어야 한다. • 　 • 자선

(3) 친구들은 (　　　　) 단체에 용돈을 모아 기부하였다. • 　 • 선량

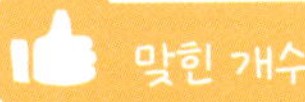 맞힌 개수 　 / 10　　 오늘 배운 한자　正 善 月 修 鵠 直 慈 行 良 最

한자능력 검정시험 모의 문제

문제

30문항 / 30분 시험 / 시험 일자: _________ 년 _____ 월 _____ 일

성명 (   )

문제 1-5

다음 글의 (   ) 안에 있는 漢字_{한자}의 讀音(독음: 읽는 소리)**을 써 보세요.**

> (漢字) → 한자

(1) 새로 발견한 물질에서 (有效) 성분이 검출되었다.　　　　　　　　　　　(　　　　)

(2) 지구에 존재하는 생명의 (根源)은 물로 알려져 있다.　　　　　　　　　　(　　　　)

(3) 원양 어선에서는 참치를 잡자마자 (急速) 냉동하여 보관한다.　　　　　　(　　　　)

(4) 전 세계는 지구 온난화 문제를 해결할 방법을 (多角)으로 모색하였다.　　(　　　　)

(5) 신라 시대에 (建設)된 유적지가 문화재로 지정되었다.　　　　　　　　　(　　　　)

문제 6-10

다음 漢字_{한자}의 訓(훈: 뜻)**과 音**(음: 소리)**을 쓰세요.**

> 漢 → 한나라 한

(6) 舊　　　　　　　　　　　(　　　　)

(7) 能　　　　　　　　　　　(　　　　)

(8) 敗　　　　　　　　　　　(　　　　)

(9) 建　　　　　　　　　　　(　　　　)

(10) 期　　　　　　　　　　　(　　　　)

문제 11-15

다음 밑줄 친 漢字語_{한자어}를 漢字_{한자}로 쓰세요.

(11) 그 사람은 내가 해외로 보낸 편지를 받지 못했다.　　　　　　　　　　(　　　　)

(12) 우리 반은 모두가 협동하여 체육 대회를 우승하였다.　　　　　　　　　(　　　　)

(13) 그는 고래를 보호하는 단체에서 활동을 하였다.　　　　　　　　　　　(　　　　)

(14) 암 치료를 위해 개발된 신약이 판매 허가를 받았다.　　　　　　　　　(　　　　)

(15) 이상 기후 현상으로 인해 인류는 위기에 처하였다.　　　　　　　　　(　　　　)

문제 16-18

다음 漢字_{한자}의 반대되는 글자를 골라 그 번호를 쓰세요.

(16) 今 : ① 形　② 古　③ 消　④ 全　　　(　　　　)

(17) 遠 : ① 共　② 完　③ 失　④ 近　　　(　　　　)

(18) 輕 : ① 現　② 意　③ 重　④ 結　　　(　　　　)

문제 19-21

다음 漢字_{한자}와 뜻이 비슷한 한자를 골라 그 번호를 쓰세요.

(19) 高 : ① 善　② 感　③ 卓　④ 失　　　(　　　　)

(20) 全 : ① 別　② 完　③ 他　④ 本　　　(　　　　)

(21) 情 : ① 才　② 消　③ 果　④ 意　　　(　　　　)

계속

다음 ( ) 안에 알맞은 漢字한자를 ◦보기◦에서 찾아 그 번호를 쓰세요.

---◦ 보기 ◦---

① 感　② 分　③ 善　④ 結
⑤ 待　⑥ 新　⑦ 成　⑧ 近

---

(22) 大器晚( ) : 늦은 나이에 성공한다는 말.
( )

(23) ( )草報恩 : 죽은 혼이 되더라도 입은 은혜를 잊지 않고 갚는다는 말.
( )

(24) 安( )知足 : 자기 분수에 만족하여 다른 데 마음을 두지 않는다는 말.
( )

다음 뜻에 맞는 漢字語한자어를 ◦보기◦에서 찾아 그 번호를 쓰세요.

---◦ 보기 ◦---

① 氣勢　② 參見　③ 他行
④ 想念　⑤ 黎明　⑥ 發顯

---

(25) 현재 거래하는 은행이 아닌 다른 은행.
( )

(26) 희미하게 날이 밝아오는 빛이나 그 무렵.
( )

(27) 자기와 별로 관계없는 일이나 말 따위에 끼어 들어 쓸데없이 아는 체하거나 이래라저래라 함.
( )

다음 漢字한자의 진하게 표시한 획은 몇 번째로 쓰는지 ◦보기◦에서 찾아 그 번호를 써 보세요.

---◦ 보기 ◦---

① 첫 번째　② 두 번째
③ 세 번째　④ 네 번째
⑤ 다섯 번째　⑥ 여섯 번째
⑦ 일곱 번째　⑧ 여덟 번째
⑨ 아홉 번째　⑩ 열 번째
⑪ 열한 번째　⑫ 열두 번째
⑬ 열세 번째　⑭ 열네 번째
⑮ 열다섯 번째　⑯ 열여섯 번째

---

(28) 
( )

(29) 
( )

(30) 善
( )

◦ 수고하였습니다.

한자 어휘 - 문장 - 글의 단계적 학습으로
문해력을 기를 수 있는 교재입니다.

낱말 알아보기
교과서 및 일상 어휘, 한자능력검정시험에서 선별한
주제별 한자와 관련 어휘를 배울 수 있습니다.

문제 풀기
학습한 어휘의 문맥적 의미를 파악하는 문제를 통해
실제 쓰임을 익히고, 쓰기 활동을 통해 쓰기 능력을 기를 수 있습니다.

글로 익히기
어휘가 사용된 글을 독해하며 어휘의 의미를 되새기고
독해 문제를 풀며 문해력을 키울 수 있습니다.

똑똑

초등

한자 어휘

똑똑한 공부 비법!

5개 주제
30일
완성

정답과 해설

4단계
열매

초등 5·6학년

똑똑
똑똑한 독서, 똑똑!

똑똑 초등 한자 어휘

정답과 해설

4 단계 | 열매

초등 5·6학년

1단계　낱말 알아보기

| **1** 유형 | **2** 소유 | **3** 유명 | **4** 유효 |
| **5** 무명 | **6** 무례 | **7** 무효 | **8** 무형 |

1 '유형'은 '있다'와 '모양'을 뜻하는 말이 합쳐진 낱말이에요.
2 '소유'는 '무엇'을 가지고 '있다'는 뜻이 합쳐진 낱말이에요.
3 '유명'은 '있다'와 '이름'을 뜻하는 말로 만들어졌어요.
4 '유효'는 '있다'와 '효과', '효력'을 뜻하는 말로 이루어졌어요.
5 '무명'은 '없다'와 '이름'을 뜻하는 말이 합쳐진 낱말이에요.
6 '무례'는 '없다'와 '예의'를 뜻하는 말로 만들어졌어요.
7 '무효'는 '없다'와 '효과', '효력'을 뜻하는 말로 이루어졌어요.
8 '무형'은 '없다'와 '형상', '형체'라는 말이 합쳐진 낱말이에요.

2단계　문제 풀기

1 (1) 무례　(2) 유명　(3) 소유
2 (1) 무형　(2) 유효　(3) 유명　(4) 소유
3 예 유효 기간이 지나면 먹지 말아야 한다.

1 (1) 상대방의 말을 자르는 것은 예의가 없는 행동이므로 '무례'라고 말할 수 있어요.
　(2) 영광 지역은 굴비가 많이 나오는 곳으로 널리 알려져 있으므로 '유명'이 알맞아요.
　(3) 옛날에는 땅을 가진 사람은 대부분 양반들이었으므로 '소유'가 적절해요.
2 (1) 형체가 없는 문화재를 '무형' 문화재라고 해요.
　(2) 당일에 한하여 쓸 수 있는 것은 '유효'하다고 해요.
　(3) 이름을 널리 알리는 것은 '유명'해지는 거예요.
　(4) 무언가를 가져 내 것이 되는 것은 '소유'한다고 해요.

3단계　글로 익히기

1 (1) 유명　(2) 무명　(3) 무례
2 (1) ○　(2) ×　(3) ×

1 (1) 이름이 널리 알려지는 것을 '유명'이라고 해요.
　(2) 이름이 널리 알려지지 않은 것을 '무명'이라고 해요.
　(3) 예의가 없이 행동하는 것을 '무례'라고 해요.
2 (3) 엄마는 장난감을 사 달라는 동생에게 한자 '백 개'를 공부하라고 하셨어요.

1단계　낱말 알아보기

| **1** 고고학 | **2** 고전 | **3** 고궁 | **4** 고대 |
| **5** 지금 | **6** 금방 | **7** 작금 | **8** 금일 |

1 '고고학'은 '살피다', '옛날', '배우다'를 뜻하는 말이 합쳐진 낱말이에요.
2 '고전'은 '옛날'과 '책'을 뜻하는 말이 합쳐진 낱말이에요.
3 '고궁'은 '옛날'와 '궁궐'을 뜻하는 말로 만들어졌어요.
4 '고대'는 '옛날'과 '시대'를 뜻하는 말로 이루어졌어요.
5 '지금'은 '다만'과 '이제'를 뜻하는 말이 합쳐진 낱말이에요.
6 '금방'은 '이제'와 '방금'을 뜻하는 말로 만들어졌어요.
7 '작금'은 '어제'와 '이제'를 뜻하는 말로 이루어졌어요.
8 '금일'은 '이제'와 '날'이라는 말이 합쳐진 낱말이에요.

2단계　문제 풀기

1 (1) 고고학　(2) 고전
2 (1) 작금　(2) 금일　(3) 금방　(4) 고대
3 예 고궁에서 사진을 찍는다.

1 (1) 유적지와 유물을 연구하는 학문을 '고고학'이라고 해요.
　(2) 옛날에 쓰인 소설을 '고전' 소설이라고 해요.
2 (1) 어제와 오늘을 아울러 이르는 말을 '작금'이라고 해요.
　(2) 엄마가 나에게 숙제를 끝내라고 한 것은 오늘이므로 '금일'이 알맞아요.
　(3) 세탁소가 집에서 가깝다면 빨리 도착할 수 있으므로 '금방'이 적절해요.
　(4) 우리나라 역사는 고조선부터 통일 신라까지가 '고대' 시기에 해당해요.

3단계　글로 익히기

1 (1) 고궁　(2) 고대　(3) 지금
2 (1) ×　(2) ○　(3) ×

1 (1) 옛날의 궁궐을 '고궁'이라고 해요.
　(2) 이미 지나간 옛 시대를 '고대'라고 해요.
　(3) 말하는 바로 이 순간을 '지금'이라고 해요.
2 (1) '나'는 외국에서 놀러온 친구 톰과 함께 경복궁에 갔어요.
　(3) 고고학자가 되는 것이 꿈인 사람은 '톰'이에요.

본문 · 018~021쪽

1단계 낱말 알아보기

| 1 원양 | 2 원격 | 3 소원 | 4 원정 |
| 5 근교 | 6 근처 | 7 근위 | 8 근시 |

1 '원양'은 '멀다'와 '큰 바다'를 뜻하는 말이 합쳐진 낱말이에요.
2 '원격'은 '멀다'와 '사이가 뜨다'라는 뜻이 합쳐진 낱말이에요.
3 '소원'은 '소통하다'와 '멀다'를 뜻하는 말로 만들어졌어요.
4 '원정'은 '멀다'와 '정벌하다'를 뜻하는 말로 이루어졌어요.
5 '근교'는 '가깝다'와 '주변'을 뜻하는 말이 합쳐진 낱말이에요.
6 '근처'는 '가깝다'와 '장소'를 뜻하는 말로 만들어졌어요.
7 '근위'는 '가깝다'와 '지키다'를 뜻하는 말로 이루어졌어요.
8 '근시'는 '가깝다'와 '보다'라는 말이 합쳐진 낱말이에요.

2단계 문제 풀기

1 (1) 원양   (2) 원정   (3) 근처
2 (1) 원격   (2) 소원   (3) 근위
3 ⑩ 근교로 봄소풍을 다녀왔다.

1 (1) 참치가 주로 사는 먼 바다를 '원양'이라고 해요.
　(2) 다른 나라로 싸우러 떠나는 것을 '원정'이라고 해요.
　(3) 학교에서 가까운 곳에서 만나기로 했으므로 '근처'가 알맞아요.
2 (1) 드론은 비행 물체이므로 '원격'으로 조종해야 해요.
　(2) 태호와 성미는 친하지 않은 사이이므로 '소원'이 알맞아요.
　(3) 개가 용감하게 주인을 지키는 것이므로 '근위'가 적절해요.

3단계 글로 익히기

1 (1) 원양   (2) 근처   (3) 근시
2 (1) ×   (2) ○   (3) ×

1 (1) 육지에서 멀리 떨어진 바다는 '원양'이라고 해요.
　(2) 잘 보이는 가까운 곳은 '근처'라고 해요.
　(3) 멀리 있는 것이 잘 보이지 않게 된 것을 '근시'라고 해요.
2 (1) 내가 텔레비전을 보면서 먹은 것은 참치 김밥이에요.
　(3) '나'는 멀리 있는 것을 잘 보지 못하는 시력이 되었어요.

본문 · 022~025쪽

1단계 낱말 알아보기

| 1 소수 | 2 소액 | 3 소년 | 4 감소 |
| 5 다수 | 6 다발 | 7 다정 | 8 다각 |

1 '소수'는 '적다'와 '수'를 뜻하는 말이 합쳐진 낱말이에요.
2 '소액'은 '적다'와 '수량'이라는 뜻이 합쳐진 낱말이에요.
3 '소년'은 '적다'와 '나이'를 뜻하는 말로 만들어졌어요.
4 '감소'는 '덜다'와 '적다'를 뜻하는 말로 이루어졌어요.
5 '다수'는 '많다'와 '수'를 뜻하는 말이 합쳐진 낱말이에요.
6 '다발'은 '많다'와 '일어나다'를 뜻하는 말로 만들어졌어요.
7 '다정'은 '많다'와 '정'을 뜻하는 말로 이루어졌어요.
8 '다각'은 '많다'와 '모서리'라는 말이 합쳐진 낱말이에요.

2단계 문제 풀기

1 (1) 감소   (2) 다정   (3) 소액
2 (1) 다발   (2) 소년   (3) 소수   (4) 다각
3 ⑩ 감소하고 있다.

1 (1) 자동차 판매량이 줄어들었다고 하려면 '감소'가 알맞아요.
　(2) 손을 잡고 걷는 모습을 '다정'하다고 할 수 있어요.
　(3) 게임을 하기 위해 약간의 돈을 쓴 것이므로 '소액'이 적절해요.
2 (1) 사고가 많이 일어나는 지역이므로 '다발'이라고 해야 해요.
　(2) 아빠를 향해 걸어간 사람은 '소년'이에요.
　(3) 우리는 적은 사람의 의견도 귀 기울여 들어야 하므로 '소수'가 알맞아요.
　(4) 해결 방법을 여러 방면에서 찾아보는 것이므로 '다각'이 적절해요.

3단계 글로 익히기

1 (1) 소년   (2) 다수   (3) 소액
2 (1) 다발   (2) 소수

1 (1) 어린 사내아이는 '소년'이라고 해요.
　(2) 수가 많은 것을 '다수'라고 해요.
　(3) 금액이 적은 것을 '소액'이라고 해요.
2 (1) 번개가 많이 치는 곳은 조심해야 하므로 '다발'이 적절해요.
　(2) 적은 사람의 의견도 존중해야 하므로 '소수'가 알맞아요.

본문 · 026~029쪽

1단계 낱말 알아보기

| 1 중력 | 2 중량 | 3 소중 | 4 가중 |
| 5 경량 | 6 경감 | 7 경솔 | 8 경멸 |

1 '중력'은 '무겁다'와 '힘'을 뜻하는 말이 합쳐진 낱말이에요.
2 '중량'은 '무겁다'와 '양'이라는 뜻이 합쳐진 낱말이에요.
3 '소중'은 '얼마'와 '무겁다'를 뜻하는 말로 만들어졌어요.
4 '가중'은 '더하다'와 '무겁다'를 뜻하는 말로 이루어졌어요.
5 '경량'은 '가볍다'와 '양'을 뜻하는 말이 합쳐진 낱말이에요.
6 '경감'은 '가볍다'와 '덜다'를 뜻하는 말로 만들어졌어요.
7 '경솔'은 '가볍다'와 '가볍다'를 뜻하는 말로 이루어졌어요.
8 '경멸'은 '가볍다'와 '업신여기다'라는 말이 합쳐진 낱말이에요.

2단계 문제 풀기

1 (1) 소중   (2) 중력
2 (1) 중량   (2) 경감   (3) 경솔   (4) 소중
3 예 중력에 관한 법칙이다.

1 (1) 컴퓨터를 아껴서 사용하는 것은 '소중'하다고 해요.
　(2) 물건이 아래로 떨어지는 것은 지구가 물건을 당기는 힘 때문이며 이를 '중력'이라고 해요.
2 (1) 커다란 배는 매우 무거우므로 '중량'이 적절해요.
　(2) 잘못을 스스로 고백하면 벌을 줄여 주는 것이므로 '경감'이 알맞아요.
　(3) 실수를 자주 저지르는 사람은 '경솔'한 사람이에요.
　(4) 우리는 아픈 후에야 건강이 '소중'하다는 것을 알게 돼요.

3단계 글로 익히기

1 (1) 중량   (2) 소중   (3) 경량
2 (1) ○   (2) ○   (3) ×

1 (1) 무거운 정도를 '중량'이라고 해요.
　(2) 매우 값진 것을 '소중'하다고 말해요.
　(3) 무게가 가벼운 것을 '경량'이라고 해요.
2 (3) 내가 결심한 것은 치킨을 먹지 않는 것이 아니라, 매일 열심히 운동해서 살을 빼는 것이에요.

본문 · 030~033쪽

1단계 낱말 알아보기

| 1 부정 | 2 불과 | 3 불량 | 4 부족 |
| 5 허가 | 6 가능 | 7 가부 | 8 가관 |

1 '부정'은 '아니다'와 '바르다'라는 뜻이 합쳐진 낱말이에요.
2 '불과'는 '아니다'와 '지나치다'를 뜻하는 말로 이루어졌어요.
3 '불량'은 '아니다'와 '좋다'를 뜻하는 말로 만들어졌어요.
4 '부족'은 '아니다'와 '넉넉하다'라는 뜻이 합쳐진 낱말이에요.
5 '허가'는 '허락하다'와 '옳다'를 뜻하는 말로 이루어졌어요.
6 '가능'은 '옳다'와 '할 수 있다'를 뜻하는 말로 만들어졌어요.
7 '가부'는 '옳다'와 '그르다'를 뜻하는 말로 이루어졌어요.
8 '가관'은 '옳다'와 '보다'라는 말이 합쳐진 낱말이에요.

2단계 문제 풀기

1 (1) 불량   (2) 부정   (3) 가관
2 (1) 불과   (2) 가능   (3) 가부
3 예 허가 없이는 들어갈 수 없다.

1 (1) 상품이 잘못 만들어진 것을 '불량'이라고 말해요.
　(2) 정의감이 남다른 사람은 옳지 않은 것을 참지 못하므로 '부정'이 알맞아요.
　(3) 눈이 내린 한라산의 경치가 꽤 볼만하다는 뜻이므로 '가관'이 들어가야 해요.
2 (1) 입학한 때가 얼마 안 된 것 같다는 뜻이므로 '불과'가 적절해요.
　(2) 유학을 가려면 돈이 많이 필요하므로 형편이 어렵다면 '가능'하지 않아요.
　(3) 투표를 해서 옳고 그름이나 찬성과 반대를 결정했다는 뜻이므로 '가부'가 알맞아요.

3단계 글로 익히기

1 (1) 부족   (2) 불량   (3) 허가
2 (1) 가관   (2) 불과

1 (1) 충분하지 않은 것을 '부족'이라고 해요.
　(2) 물건의 품질이나 상태가 좋지 않은 것을 '불량'이라고 해요.
　(3) 행동이나 일을 해도 된다고 허락한 것을 '허가'라고 해요.
2 (1) 설악산에 단풍이 든 아름다운 모습은 '가관'이 알맞아요.
　(2) 사실을 아는 사람이 적다는 것이므로 '불과'가 적절해요.

1단계 낱말 알아보기

| **1** 신식 | **2** 경신 | **3** 신년 | **4** 신간 |
| **5** 구관 | **6** 구식 | **7** 구면 | **8** 친구 |

1 '신식'은 '새롭다'와 '방식'을 뜻하는 말이 합쳐진 낱말이에요.
2 '경신'은 '고치다'와 '새롭다'라는 뜻이 합쳐진 낱말이에요.
3 '신년'은 '새롭다'와 '새해'를 뜻하는 말로 만들어졌어요.
4 '신간'은 '새롭다'와 '책을 펴내다'를 뜻하는 말로 이루어졌어요.
5 '구관'은 '옛날'과 '관리'를 뜻하는 말이 합쳐진 낱말이에요.
6 '구식'은 '옛날'과 '방식'을 뜻하는 말로 만들어졌어요.
7 '구면'은 '옛날'과 '얼굴'을 뜻하는 말로 이루어졌어요.
8 '친구'는 '친하다'와 '옛날'이라는 말이 합쳐진 낱말이에요.

2단계 문제 풀기

1 (1) 구관 (2) 경신 (3) 신년
2 (1) 신식 (2) 신간 (3) 구면 (4) 경신
3 예 우리 가족은 신년을 맞아

1 (1) 기존에 있던 관리를 '구관'이라고 해요.
　　(2) 세계 기록을 새롭게 세우는 것을 '경신'이라고 해요.
　　(3) 우리는 '신년'이 되면 새로운 목표를 세우고 다짐을 해요.
2 (1) 옛것을 더 좋아하신다고 하였으므로 '신식'이 알맞아요.
　　(2) 새로 나온 소설을 보려고 했으므로 '신간'이 적절해요.
　　(3) 은지와는 알고 지낸 사이이므로 '구면'이 알맞아요.
　　(4) 가장 낮은 수치를 기록했다는 뜻이므로 '경신'이 적절해요.

3단계 글로 익히기

1 (1) 신년 (2) 경신 (3) 친구
2 (1) ○ (2) × (3) ○

1 (1) 새로 시작되는 해는 '신년'이라고 해요.
　　(2) 이전의 기록을 깨뜨리는 것은 '경신'이라고 해요.
　　(3) 가깝게 오래 사귄 사람을 '친구'라고 해요.
2 (2) '나'는 서점에서 책을 구경하다가 구면인 친구를 만났어요.

1단계 낱말 알아보기

| **1** 재담 | **2** 귀재 | **3** 수재 | **4** 다재 |
| **5** 능력 | **6** 전능 | **7** 능동 | **8** 재능 |

1 '재담'은 '재주'와 '이야기'를 뜻하는 말이 합쳐진 낱말이에요.
2 '귀재'는 '귀신'과 '재주'라는 뜻이 합쳐진 낱말이에요.
3 '수재'는 '빼어나다'와 '재주'를 뜻하는 말로 만들어졌어요.
4 '다재'는 '많다'와 '재주'를 뜻하는 말로 이루어졌어요.
5 '능력'은 '능하다'와 '힘'을 뜻하는 말이 합쳐진 낱말이에요.
6 '전능'은 '온전하다'와 '능하다'를 뜻하는 말로 만들어졌어요.
7 '능동'은 '능하다'와 '움직이다'를 뜻하는 말로 이루어졌어요.
8 '재능'은 '재주'와 '능하다'라는 말이 합쳐진 낱말이에요.

2단계 문제 풀기

1 (1) 수재 (2) 능동
2 (1) 재담 (2) 귀재 (3) 재능 (4) 다재
3 예 재미있는 재담을 들려주었다.

1 (1) 매우 뛰어난 사람을 '수재'라고 해요.
　　(2) 공부는 스스로 알아서 해야 하므로 '능동'이 알맞아요.
2 (1) 익살과 재치를 섞어 재미있게 이야기를 하는 것을 '재담'
　　　이라고 해요.
　　(2) 세상에서 보기 드물게 뛰어난 재능을 가진 사람을 '귀재'
　　　라고 해요.
　　(3) 일을 하는 데 필요한 재주와 능력을 '재능'이라고 해요.
　　(4) 모든 악기를 다룰 줄 안다는 것은 재능이 많은 것이므로
　　　'다재'가 적절해요.

3단계 글로 익히기

1 (1) 다재 (2) 수재 (3) 귀재
2 (1) 전능 (2) 재담

1 (1) 재주가 많은 것은 '다재'라고 해요.
　　(2) 머리가 좋고 재주가 뛰어난 사람을 '수재'라고 해요.
　　(3) 세상에서 보기 드물게 뛰어난 재능을 '귀재'라고 해요.
2 (1) 아버지는 능력이 많은 사람이므로 '전능'이 알맞아요.
　　(2) 재미있는 이야기를 잘하면 인기가 많을 수 있으므로 '재
　　　담'이 적절해요.

1단계 낱말 알아보기

| 1 편지 | 2 한지 | 3 일간지 | 4 지면 |
| 5 숫자 | 6 한자 | 7 영문자 | 8 문자 |

1 '편지'는 '소식'과 '종이'를 뜻하는 말이 합쳐진 낱말이에요.
2 '한지'는 '한국'과 '종이'라는 뜻이 합쳐진 낱말이에요.
3 '일간지'는 '날'과 '펴내다'와 '종이'라는 뜻이 합쳐진 낱말이에요.
4 '지면'은 '종이'와 '표면'을 뜻하는 말로 이루어졌어요.
5 '숫자'는 '수'와 '글자'를 뜻하는 말이 합쳐진 낱말이에요.
6 '한자'는 '한나라'와 '글자'를 뜻하는 말로 만들어졌어요.
7 '영문자'는 '꽃부리'와 '글자', '글자'를 뜻하는 말로 이루어졌어요.
8 '문자'는 '글자'와 '글자'라는 말이 합쳐진 낱말이에요.

2단계 문제 풀기

1 (1) 숫자　(2) 지면　(3) 문자
2 (1) 일간지　(2) 한지　(3) 영문자
3 예 편지를 부모님께 드렸다.

1 (1) 주민의 수가 50만 명을 넘는다는 것은 '숫자'가 적절해요.
　(2) 신문에 사건이 실리는 면을 '지면'이라고 해요.
　(3) 한글날은 '문자'인 한글을 기념하는 날이에요.
2 (1) 사고를 1면 기사로 다루는 것은 신문인 '일간지'예요.
　(2) 연을 만드는 종이는 '한지'예요.
　(3) 서류에 한글로 써 달라고 하였으므로 '영문자'가 알맞아요.

3단계 글로 익히기

1 (1) 일간지　(2) 한자　(3) 영문자
2 (1) ○　(2) ×　(3) ○

1 (1) 날마다 발행하는 신문은 '일간지'라고 해요.
　(2) 고대 중국에서 만들어져 지금까지 쓰이고 있는 글자를 '한자'라고 해요.
　(3) 영어를 적은 글자를 '영문자'라고 해요.
2 (2) '나'는 한자를 외우는 것을 싫어해요.

1단계 낱말 알아보기

| 1 근원 | 2 근본 | 3 연근 | 4 근거 |
| 5 표본 | 6 원본 | 7 사본 | 8 본래 |

1 '근원'은 '뿌리'와 '기원'을 뜻하는 말이 합쳐진 낱말이에요.
2 '근본'은 '뿌리'와 '본래'라는 뜻이 합쳐진 낱말이에요.
3 '연근'은 '연꽃'과 '뿌리'를 뜻하는 말로 만들어졌어요.
4 '근거'는 '뿌리'와 '근원'을 뜻하는 말로 이루어졌어요.
5 '표본'은 '표하다'와 '근본'을 뜻하는 말이 합쳐진 낱말이에요.
6 '원본'은 '처음'과 '근본'을 뜻하는 말로 만들어졌어요.
7 '사본'은 '베끼다'와 '근본'을 뜻하는 말로 이루어졌어요.
8 '본래'는 '근본'과 '오다'라는 말이 합쳐진 낱말이에요.

2단계 문제 풀기

1 (1) 본래　(2) 근원　(3) 연근
2 (1) 근거　(2) 사본　(3) 표본　(4) 본래
3 예 압록강의 물줄기가 시작된 근원이다.

1 (1) 영수는 말이 없고 점잖은 성격이므로 '본래'가 알맞아요.
　(2) 물은 지구의 생명이 탄생한 곳이므로 '근원'이 적절해요.
　(3) 튀김 요리를 했다고 하였으므로 '연근'이 들어가야 해요.
2 (1) 주장을 하려면 알맞은 '근거'가 있어야 해요.
　(2) 중요한 계약서라서 한 부 더 만들었다는 것이므로 '사본'이 알맞아요.
　(3) 본보기로 삼을 만한 사람이므로 '표본'이 적절해요.
　(4) 모임이 만들어진 처음의 목적을 잊었다는 것이므로 '본래'가 들어가야 해요.

3단계 글로 익히기

1 (1) 근원　(2) 연근　(3) 본래
2 (1) 근거　(2) 표본

1 (1) 물줄기가 처음 시작되는 곳을 '근원'이라고 해요.
　(2) 연꽃의 뿌리줄기를 '연근'이라고 해요.
　(3) 사물이나 사실이 전하여 내려온 그 처음이라는 뜻은 '본래'예요.
2 (1) 의견을 말할 때는 알맞은 '근거'를 함께 말해야 해요.
　(2) 성공의 본보기로 삼았다는 것이므로 '표본'이 알맞아요.

본문 · 052~055쪽

1단계 낱말 알아보기

1 형상　**2** 형체　**3** 형성　**4** 성형
5 성공　**6** 성숙　**7** 성장　**8** 완성

1 '형상'은 '모양'과 '모양'을 뜻하는 말이 합쳐진 낱말이에요.
2 '형체'는 '모양'과 '몸'이라는 뜻이 합쳐진 낱말이에요.
3 '형성'은 '모양'과 '이루다'를 뜻하는 말로 만들어졌어요.
4 '성형'은 '이루다'와 '모양'을 뜻하는 말로 이루어졌어요.
5 '성공'은 '이루다'와 '공적'을 뜻하는 말이 합쳐진 낱말이에요.
6 '성숙'은 '이루다'와 '익다'를 뜻하는 말로 만들어졌어요.
7 '성장'은 '이루다'와 '길다'를 뜻하는 말로 이루어졌어요.
8 '완성'은 '완전하다'와 '이루다'라는 말이 합쳐진 낱말이에요.

2단계 문제 풀기

1 (1) 성공　(2) 성형
2 (1) 형성　(2) 성장　(3) 완성　(4) 형체
3 ㉑ 왜적을 무찌르는 데 성공하였다.

1 (1) 실패의 반대되는 말은 '성공'이에요.
　　(2) 주름살을 없애기 위해 찾는 병원은 '성형'외과예요.
2 (1) 새로운 쇼핑 거리가 만들어졌다는 뜻이므로 '형성'이 알맞아요.
　　(2) 토마토가 튼튼하게 자라는 것은 '성장'이에요.
　　(3) 작품 만들기를 끝내는 것을 '완성'이라고 해요.
　　(4) 나무와 같은 사물의 생김새를 '형체'라고 해요.

3단계 글로 익히기

1 (1) 형체　(2) 완성　(3) 성형
2 (1) ○　(2) ×　(3) ○

1 (1) 물건의 생김새나 몸체를 '형체'라고 해요.
　　(2) 완전히 다 이루는 것은 '완성'이라고 해요.
　　(3) 모양을 만드는 것을 '성형'이라고 해요.
2 (2) 유리는 며칠 만에 로봇을 완성했어요.

본문 · 056~059쪽

1단계 낱말 알아보기

1 타인　**2** 타사　**3** 타행　**4** 타자
5 기자　**6** 화자　**7** 피해자　**8** 저자

1 '타인'은 '다르다'와 '사람'을 뜻하는 말로 이루어졌어요.
2 '타사'는 '다르다'와 '단체'라는 뜻이 합쳐진 낱말이에요.
3 '타행'은 '다르다'와 '은행'을 뜻하는 말로 만들어졌어요.
4 '타자'는 '다르다'와 '사람'을 뜻하는 말이 합쳐진 낱말이에요.
5 '기자'는 '기록하다'와 '사람'을 뜻하는 말이 합쳐진 낱말이에요.
6 '화자'는 '말씀'과 '사람'를 뜻하는 말로 만들어졌어요.
7 '피해자'는 '입다', '해하다', '사람'을 뜻하는 말로 만들어졌어요.
8 '저자'는 '(글을) 짓다'와 '사람'이라는 말이 합쳐진 낱말이에요.

2단계 문제 풀기

1 (1) 화자　(2) 저자　(3) 타인
2 (1) 타사　(2) 타행　(3) 화자
3 ㉑ 방송국의 기자가 되었다.

1 (1) 무대에서 이야기한다고 하였으므로 '화자'가 알맞아요.
　　(2) 글을 쓴 사람의 경험을 그대로 쓴 책이라는 뜻이므로 '저자'가 적절해요.
　　(3) 공공 장소에서 다른 사람에게 피해를 주어서는 안 되므로 '타인'이 들어가야 해요.
2 (1) 자기 회사보다 다른 회사의 광고가 낫다는 뜻이므로 '타사'가 알맞아요.
　　(2) 다른 은행을 나타내는 말은 '타행'이에요.
　　(3) 호랑이가 말하는 이야기를 들었다는 것이므로 '화자'가 들어가야 해요.

3단계 글로 익히기

1 (1) 기자　(2) 피해자　(3) 타인
2 (1) 화자　(2) 타행

1 (1) 신문, 방송 등에 실을 기사를 취재하는 사람을 '기자'라고 해요.
　　(2) 생명, 재산 등을 침해 또는 위협을 받는 사람을 '피해자'라고 해요.
　　(3) 다른 사람을 '타인'이라고 해요.
2 (1) 말을 하는 사람을 '화자'라고 해요.
　　(2) 은행에서 돈을 보냈다고 하였으므로 '타행'이 알맞아요.

1단계 낱말 알아보기

| 1 사용 | 2 효용 | 3 용도 | 4 소용 |
| 5 해소 | 6 소멸 | 7 소거 | 8 소식 |

1 '사용'은 '부리다'와 '쓰다'를 뜻하는 말이 합쳐진 낱말이에요.
2 '효용'은 '효과'와 '쓰다'라는 뜻이 합쳐진 낱말이에요.
3 '용도'는 '쓰다'와 '법'을 뜻하는 말로 만들어졌어요.
4 '소용'은 '방법'과 '쓰다'를 뜻하는 말로 이루어졌어요.
5 '해소'는 '풀다'와 '사라지다'를 뜻하는 말이 합쳐진 낱말이에요.
6 '소멸'은 '사라지다'와 '꺼지다'를 뜻하는 말로 만들어졌어요.
7 '소거'는 '사라지다'와 '버리다'를 뜻하는 말로 이루어졌어요.
8 '소식'은 '편지'와 '숨을 쉬다'라는 말이 합쳐진 낱말이에요.

2단계 문제 풀기

1 (1) 소용   (2) 소식   (3) 효용
2 (1) 해소   (2) 사용   (3) 소거   (4) 소멸
3 ⑩ 소식을 빠르고 쉽게 알 수 있다.

1 (1) 물건이 낡아서 쓸모가 없다는 뜻이므로 '소용'이 적절해요.
  (2) 친구에게서 연락이 왔다고 하였으므로 '소식'이 알맞아요.
  (3) 쇠붙이의 쓸모가 여러 가지라는 뜻이므로 '효용'이 들어가
     야 해요.
2 (1) 피로가 풀린다는 뜻이므로 '해소'가 알맞아요.
  (2) 건물의 쓰임새를 뜻하므로 '사용'이 적절해요.
  (3) 낙서를 지워서 없앴다는 뜻이므로 '소거'가 들어가야 해요.
  (4) 회비를 내지 않아 회원으로서 자격을 잃었다는 뜻이므로
     '소멸'이 알맞아요.

3단계 글로 익히기

1 (1) 소멸   (2) 해소   (3) 용도
2 (1) ×   (2) ○   (3) ○

1 (1) 사라져 없어지는 것은 '소멸'이에요.
  (2) 어려운 일이나 문제를 해결하여 없애는 것은 '해소'예요.
  (3) 쓰이는 방법은 '용도'라고 해요.
2 (1) 우리 마을 뒷산에는 생태 공원이 만들어졌어요.

1단계 낱말 알아보기

| 1 책임 | 2 임명 | 3 임무 | 4 소임 |
| 5 수명 | 6 연명 | 7 명령 | 8 생명 |

1 '책임'은 '꾸짖다'와 '맡기다'를 뜻하는 말이 합쳐진 낱말이에요.
2 '임명'은 '맡기다'와 '목숨'이라는 뜻이 합쳐진 낱말이에요.
3 '임무'는 '맡기다'와 '힘쓰다'를 뜻하는 말로 만들어졌어요.
4 '소임'은 '방법'과 '맡기다'를 뜻하는 말로 이루어졌어요.
5 '수명'은 '목숨'과 '목숨'을 뜻하는 말이 합쳐진 낱말이에요.
6 '연명'은 '늘이다'와 '목숨'을 뜻하는 말로 만들어졌어요.
7 '명령'은 '목숨'과 '시키다'를 뜻하는 말로 이루어졌어요.
8 '생명'은 '살다'와 '목숨'이라는 말이 합쳐진 낱말이에요.

2단계 문제 풀기

1 (1) 임명   (2) 수명
2 (1) 책임   (2) 임무   (3) 명령   (4) 수명
3 ⑩ 사장으로 임명하였다.

1 (1) 대통령이 국무총리의 지위를 부여하는 것은 '임명'이라고
     해요.
  (2) 코끼리는 평균 60~70년을 산다고 하였으므로 '수명'이
     알맞아요.
2 (1) 문제에 대한 의무가 없다는 것이므로 '책임'이 적절해요.
  (2) 반장의 역할을 충실히 해냈다는 것이므로 '임무'가 들어가
     야 해요.
  (3) 군인들이 우리 땅을 지키라는 지시를 받은 것이므로 '명
     령'이 알맞아요.
  (4) 의료 기술의 발달로 인간이 점점 오래 살게 되었으므로
     '수명'이 적절해요.

3단계 글로 익히기

1 (1) 임명   (2) 임무   (3) 명령
2 (1) 소임   (2) 수명

1 (1) 일정한 지위나 일을 맡기는 것을 '임명'이라고 해요.
  (2) 맡은 일이나 맡겨진 일을 '임무'라고 해요.
  (3) 윗사람이 아랫사람에게 무엇을 하게 하는 것을 '명령'이라
     고 해요.
2 (1) 자신에게 맡겨진 일을 열심히 끝냈다고 했으므로 '소임'이
     적절해요.
  (2) 하루살이는 짧게 살다가 죽는 곤충이므로 '수명'이 알맞
     아요.

본문 · 070~073쪽

1단계 낱말 알아보기

| 1 동등 | 2 동일 | 3 회동 | 4 협동 |
| 5 공용 | 6 공생 | 7 공통 | 8 공공 |

1 '동등'은 '한가지'와 '무리'를 뜻하는 말이 합쳐진 낱말이에요.
2 '동일'은 '한가지'와 '하나'라는 뜻이 합쳐진 낱말이에요.
3 '회동'은 '모이다'와 '한가지'를 뜻하는 말로 만들어졌어요.
4 '협동'은 '화합하다'와 '한가지'를 뜻하는 말로 이루어졌어요.
5 '공용'은 '공평하다'와 '쓰다'를 뜻하는 말이 합쳐진 낱말이에요.
6 '공생'은 '공평하다'와 '살다'를 뜻하는 말로 만들어졌어요.
7 '공통'은 '공평하다'와 '통하다'를 뜻하는 말로 이루어졌어요.
8 '공공'은 '공평하다'와 '한가지'라는 말이 합쳐진 낱말이에요.

2단계 문제 풀기

1 (1) 공용 (2) 공공 (3) 동등
2 (1) 동일 (2) 회동 (3) 공생
3 ㉙ 협동하여 농사일을 같이 하였다.

1 (1) 물품은 함께 사용하는 것이므로 '공용'이 알맞아요.
  (2) 도서관은 나라나 사회의 구성원에게 두루 관계되는 것이므로 '공공'이 들어가야 해요.
  (3) 나와 동생이 받은 용돈이 같다는 뜻이므로 '동등'이 적절해요.
2 (1) 두 전문가의 해석이 달랐다고 했으므로 사건은 '동일'한 것이어야 해요.
  (2) 문제를 의논하기 위해 대표들이 모인 것이므로 '회동'이라고 해요.
  (3) 악어새는 악어의 입 속에 있는 찌꺼기를 먹고, 악어는 입 안을 청소할 수 있으므로 '공생' 관계예요.

3단계 글로 익히기

1 (1) 공용 (2) 협동 (3) 동등
2 (1) ○ (2) × (3) ○

1 (1) 무언가를 함께 쓰는 것을 '공용'이라고 해요.
  (2) 힘과 마음을 함께 합하는 것을 '협동'이라고 해요.
  (3) 등급이나 입장이 같은 것을 '동등'이라고 해요.
2 (2) 쓰레기를 버린 사람이 나쁘다며 치우지 말자고 한 사람은 친구예요.

본문 · 074~077쪽

1단계 낱말 알아보기

| 1 급행 | 2 급속 | 3 급성 | 4 다급 |
| 5 속성 | 6 가속 | 7 쾌속 | 8 속력 |

1 '급행'은 '급하다'와 '다니다'를 뜻하는 말이 합쳐진 낱말이에요.
2 '급속'은 '급하다'와 '빠르다'라는 뜻이 합쳐진 낱말이에요.
3 '급성'은 '급하다'와 '성질'을 뜻하는 말로 만들어졌어요.
4 '다급'은 '많다'와 '급하다'를 뜻하는 말로 이루어졌어요.
5 '속성'은 '빠르다'와 '이루다'를 뜻하는 말이 합쳐진 낱말이에요.
6 '가속'은 '더하다'와 '빠르다'를 뜻하는 말로 만들어졌어요.
7 '쾌속'은 '빠르다'와 '빠르다'를 뜻하는 말로 이루어졌어요.
8 '속력'은 '빠르다'와 '힘'이라는 말이 합쳐진 낱말이에요.

2단계 문제 풀기

1 (1) 쾌속 (2) 급속 (3) 급행
2 (1) 다급 (2) 급성 (3) 속성 (4) 가속
3 ㉙ 쾌속으로 달려서 섬에 도착하였다.

1 (1) 자전거가 빨리 달리기 시작했다는 것이므로 '쾌속'이 적절해요.
  (2) 회사가 빨리 성장했다는 것이므로 '급속'이 알맞아요.
  (3) 열차가 모든 역에 서지 않는 것은 '급행' 열차이기 때문이에요.
2 (1) 일이 매우 급하다는 뜻은 '다급'이에요.
  (2) 병이 갑자기 일어나는 것을 '급성'이라고 해요.
  (3) 프랑스어를 빨리 배웠다는 뜻이므로 '속성'이 알맞아요.
  (4) 수레가 내리막길에서 점점 빨라진 것이므로 '가속'이 적절해요.

3단계 글로 익히기

1 (1) 급행 (2) 다급 (3) 쾌속
2 (1) 급성 (2) 속성

1 (1) 급하게 가는 것을 '급행'이라고 해요.
  (2) 일이 바싹 닥쳐서 매우 급하다는 뜻을 '다급'이라고 해요.
  (3) 매우 빠르다는 뜻을 '쾌속'이라고 해요.
2 (1) 동생이 갑자기 폐렴에 걸린 것이므로 '급성'이라고 해요.
  (2) 수영을 빨리 배웠다는 뜻이므로 '속성'이라고 해요.

1단계 낱말 알아보기

1 전국	**2** 온전	**3** 보전	**4** 전체
5 완료	**6** 완전	**7** 미완	**8** 완수

1 '전국'은 '온전하다'와 '나라'를 뜻하는 말이 합쳐진 낱말이에요.
2 '온전'은 '편안하다'와 '흠이 없다'라는 뜻이 합쳐진 낱말이에요.
3 '보전'은 '지키다'와 '온전하다'를 뜻하는 말로 만들어졌어요.
4 '전체'는 '온전하다'와 '몸'을 뜻하는 말로 이루어졌어요.
5 '완료'는 '완전하다'와 '마치다'라는 말이 합쳐진 낱말이에요.
6 '완전'은 '완전하다'와 '온전하다'를 뜻하는 말로 만들어졌어요.
7 '미완'은 '아니다'와 '완전하다'를 뜻하는 말로 이루어졌어요.
8 '완수'는 '완전하다'와 '드디어'라는 말이 합쳐진 낱말이에요.

2단계 문제 풀기

1 (1) 보전 (2) 미완
2 (1) 완료 (2) 완수 (3) 온전 (4) 전체
3 예 전국을 여행하는 계획을 세웠다.

1 (1) 후손을 위해 환경을 오랫동안 유지해야 한다는 뜻이므로 '보전'이 알맞아요.
　 (2) 베토벤 대신 인공 지능 컴퓨터가 교향곡을 완성했다고 했으므로 '미완'이 들어가야 해요.
2 (1) 퍼즐 맞추기를 끝낸 것이므로 '완료'가 적절해요.
　 (2) 선거 공약을 완전히 이루겠다는 뜻이므로 '완수'가 들어가야 해요.
　 (3) 미술 작품을 무사히 배달하였다는 것이므로 '온전'이 알맞아요.
　 (4) 가뭄으로 인해 온 마을에 흉작이 들었다는 것이므로 '전체'가 들어가야 해요.

3단계 글로 익히기

1 (1) 전국 (2) 보전 (3) 온전
2 (1) ○ (2) × (3) ○

1 (1) 온 나라는 '전국'이라고 해요.
　 (2) 고스란히 보호하여 유지되는 것을 '보전'이라고 해요.
　 (3) 본바탕 그대로라는 것을 '온전'이라고 해요.
2 (2) 다보탑과 석가탑은 불국사에 있는 탑이에요.

1단계 낱말 알아보기

1 고고	**2** 고상	**3** 고성	**4** 고도
5 탁자	**6** 원탁	**7** 탁상	**8** 탁월

1 '고고'는 '외롭다'와 '높다'를 뜻하는 말이 합쳐진 낱말이에요.
2 '고상'은 '높다'와 '높다'라는 뜻이 합쳐진 낱말이에요.
3 '고성'은 '높다'와 '소리'를 뜻하는 말로 만들어졌어요.
4 '고도'는 '높다'와 '정도'를 뜻하는 말로 이루어졌어요.
5 '탁자'는 '높다'와 '아들'을 뜻하는 말이 합쳐진 낱말이에요.
6 '원탁'은 '둥글다'와 '높다'를 뜻하는 말로 만들어졌어요.
7 '탁상'은 '높다'와 '위'를 뜻하는 말로 이루어졌어요.
8 '탁월'은 '높다'와 '넘다'라는 말이 합쳐진 낱말이에요.

2단계 문제 풀기

1 (1) 고성 (2) 고상 (3) 원탁
2 (1) 고고 (2) 탁월 (3) 탁상
3 예 고도의 훈련을 하였다.

1 (1) 수상 소식을 들은 배우가 너무 기뻐 소리를 지른 것이므로 '고성'이 알맞아요.
　 (2) 행동이 우아하다고 하였으므로 '고상'이 들어가야 해요.
　 (3) 우리 가족은 둘러앉았다고 하였으므로 '원탁'이 적절해요.
2 (1) 홀로 고상해 보이는 선비의 모습은 '고고'하다고 해요.
　 (2) 진통제의 효과가 좋다는 뜻이므로 '탁월'이 알맞아요.
　 (3) 화분을 둔 장소를 골라야 하므로 '탁상'이 적절해요.

3단계 글로 익히기

1 (1) 탁자 (2) 원탁 (3) 고성
2 (1) 고상 (2) 탁월

1 (1) 물건을 올려놓기 위해 만든 책상 모양의 가구는 '탁자'예요.
　 (2) 둥근 책상 모양의 가구는 '원탁'이라고 해요.
　 (3) 크고 높은 목소리는 '고성'이라고 해요.
2 (1) 행동과 말씨가 차분하다고 하였으므로 '고상'하다가 어울려요.
　 (2) 선택이 매우 좋았다는 뜻이므로 '탁월'이 알맞아요.

1단계　낱말 알아보기

1 상실　2 실명　3 실수　4 실격
5 실패　6 패배　7 완패　8 불패

1 '상실'은 '잃다'와 '잃다'를 뜻하는 말이 합쳐진 낱말이에요.
2 '실명'은 '잃다'와 '밝다'라는 뜻이 합쳐진 낱말이에요.
3 '실수'는 '잃다'와 '손'을 뜻하는 말로 만들어졌어요.
4 '실격'은 '잃다'와 '자격'을 뜻하는 말로 이루어졌어요.
5 '실패'는 '잃다'와 '패하다'를 뜻하는 말이 합쳐진 낱말이에요.
6 '패배'는 '패하다'와 '달아나다'를 뜻하는 말로 만들어졌어요.
7 '완패'는 '완전하다'와 '패하다'를 뜻하는 말로 이루어졌어요.
8 '불패'는 '아니다'와 '패하다'라는 말이 합쳐진 낱말이에요.

2단계　문제 풀기

1 (1) 실격　(2) 상실　(3) 불패
2 (1) 실명　(2) 실패　(3) 패배　(4) 실수
3 ⒜ 실격을 당했다.

1 (1) 대회에 나갈 수 없다고 하였으므로 '실격'이 알맞아요.
　(2) 살을 빼겠다는 생각이 사라졌다는 뜻이므로 '상실'이 적절해요.
　(3) 10번째 가게까지 모든 가게를 성공시켰다는 뜻이므로 '불패'가 들어가야 해요.
2 (1) 위기에서 벗어났다고 하였으므로 '실명'이 적절해요.
　(2) 용기를 잃지 않았다고 하였으므로 '실패'가 들어가야 적절해요.
　(3) 우리 팀이 열심히 연습하였다고 하였으므로 극복하려는 것은 '패배'가 알맞아요.
　(4) 손님의 이름을 바꿔 불렀다고 했으므로 '실수'를 한 행동이에요.

3단계　글로 익히기

1 (1) 실수　(2) 실격　(3) 패배
2 (1) ○　(2) ✕　(3) ✕

1 (1) 조심하지 않아서 잘못하는 것을 '실수'라고 해요.
　(2) 기준에 닿지 않아서 자격을 잃는 것을 '실격'이라고 해요.
　(3) 겨루어서 지는 것은 '패배'라고 해요.
2 (2) '나'는 양궁 대회 전날부터 감기에 걸려 몸이 아팠어요.
　(3) '나'는 친구들이 응원해 주자 힘이 났어요.

1단계　낱말 알아보기

1 광속　2 광년　3 광명　4 섬광
5 명백　6 명료　7 여명　8 분명

1 '광속'은 '빛'과 '빠르다'를 뜻하는 말이 합쳐진 낱말이에요.
2 '광년'은 '빛'과 '해'라는 뜻이 합쳐진 낱말이에요.
3 '광명'은 '빛'과 '밝다'를 뜻하는 말로 만들어졌어요.
4 '섬광'은 '번쩍이다'와 '빛'을 뜻하는 말로 이루어졌어요.
5 '명백'은 '밝다'와 '분명하다'를 뜻하는 말이 합쳐진 낱말이에요.
6 '명료'는 '밝다'와 '밝다'를 뜻하는 말로 만들어졌어요.
7 '여명'은 '검다'와 '밝다'를 뜻하는 말로 이루어졌어요.
8 '분명'은 '명백하다'와 '밝다'라는 말이 합쳐진 낱말이에요.

2단계　문제 풀기

1 (1) 여명　(2) 광속
2 (1) 명료　(2) 명백　(3) 광명　(4) 분명
3 ⒜ 섬광이 번쩍였다.

1 (1) 희미하게 날이 밝아오는 모습은 '여명'이에요.
　(2) 1초에 약 30만 km로 나아가는 빠르기는 '광속'이에요.
2 (1) 시간이 없으니 간단하게 말해 달라고 했으므로 '명료'가 알맞아요.
　(2) 재판에서 사실을 밝혀내었다고 하였으므로 '명백'이 들어가야 해요.
　(3) 떠오르는 아침 해를 구경하는 상황이므로 '광명'이 적절해요.
　(4) 시장에서 본 강아지가 옆집의 백구라는 뜻이므로 '분명'이 들어가야 해요.

3단계　글로 익히기

1 (1) 광속　(2) 광년　(3) 명백
2 (1) 섬광　(2) 명료

1 (1) 빛의 속도는 '광속'이에요.
　(2) 천체와 천체 사이의 거리를 나타내는 단위는 '광년'이에요.
　(3) 의심할 바 없이 뚜렷하다는 뜻의 낱말은 '명백'이에요.
2 (1) 번개가 치자 번쩍이는 것은 '섬광'이에요.
　(2) 글의 결론이 뚜렷하고 분명하다고 했으므로 알맞은 말은 '명료'예요.

1단계 낱말 알아보기

1 결실　**2** 종결　**3** 결론　**4** 결과
5 과실　**6** 과연　**7** 과수원　**8** 과감

1 '결실'은 '맺다'와 '열매'를 뜻하는 말이 합쳐진 낱말이에요.
2 '종결'은 '마치다'와 '맺다'라는 뜻이 합쳐진 낱말이에요.
3 '결론'은 '맺다'와 '논하다'를 뜻하는 말로 만들어졌어요.
4 '결과'는 '맺다'와 '열매'를 뜻하는 말로 이루어졌어요.
5 '과실'은 '열매'와 '열매'를 뜻하는 말이 합쳐진 낱말이에요.
6 '과연'은 '정말로'와 '그러하다'를 뜻하는 말로 만들어졌어요.
7 '과수원'은 '열매', '나무', '동산'을 뜻하는 말로 이루어졌어요.
8 '과감'은 '결단성'과 '감히'라는 말이 합쳐진 낱말이에요.

2단계 문제 풀기

1 (1) 과연　(2) 과감　(3) 결실
2 (1) 결론　(2) 과실　(3) 종결
3 예 과수원에서 귤을 땄다.

1 (1) 민지는 시험에 합격할 수 있냐고 했으므로 '정말로'라는 뜻의 '과연'이 적절해요.
(2) 도전을 용감하게 했다는 뜻이므로 '과감'이 알맞아요.
(3) 감나무에 열매가 열렸다는 뜻이므로 '결실'이 들어가야 해요.
2 (1) 이 글의 약점이라고 했으므로 '결론'이 들어가는 것이 알맞아요.
(2) 나무에 열리는 것은 열매이므로 '과실'이 적절해요.
(3) 전쟁은 빨리 끝나야 하므로 '종결'이 들어가야 해요.

3단계 글로 익히기

1 (1) 과수원　(2) 과실　(3) 결실
2 (1) ×　(2) ○　(3) ×

1 (1) 과일나무를 심은 밭을 '과수원'이라고 해요.
(2) 먹을 수 있는 열매를 '과실'이라고 해요.
(3) 식물의 열매나 일의 좋은 성과를 '결실'이라고 해요.
2 (1) '나'의 할아버지는 사과 과수원을 하세요.
(3) '나'와 언니는 사과를 따서 맛있게 먹었어요.

1단계 낱말 알아보기

1 동물　**2** 운동　**3** 활동　**4** 자동
5 유속　**6** 전류　**7** 유려　**8** 조류

1 '동물'은 '움직이다'와 '물건'을 뜻하는 말이 합쳐졌어요.
2 '운동'은 '움직이다'와 '움직이다'라는 뜻이 합쳐진 낱말이에요.
3 '활동'은 '살다'와 '움직이다'를 뜻하는 말로 만들어졌어요.
4 '자동'은 '스스로'와 '움직이다'를 뜻하는 말로 이루어졌어요.
5 '유속'은 '흐르다'와 '빠르다'를 뜻하는 말이 합쳐진 낱말이에요.
6 '전류'는 '전기'와 '흐르다'를 뜻하는 말로 만들어졌어요.
7 '유려'는 '흐르다'와 '곱다'를 뜻하는 말로 이루어졌어요.
8 '조류'는 '바닷물'과 '흐르다'라는 말이 합쳐진 낱말이에요.

2단계 문제 풀기

1 (1) 유려　(2) 자동　(3) 조류
2 (1) 활동　(2) 운동　(3) 유속　(4) 조류
3 예 전류가 흐르기 때문에 조심해야 한다.

1 (1) 에밀레종은 곡선으로 되어 있다고 하였으므로 '유려'가 알맞아요.
(2) 음악이 일정한 시간이 되면 꺼진다고 하였으므로 '자동'이 적절해요.
(3) 노를 젓는 게 쉽다고 하였으므로 '조류'가 들어가야 해요.
2 (1) 밤이 되자 호랑이가 움직이기 시작한 것이므로 '활동'이 알맞아요.
(2) 황사 때문에 밖에 나가지 않고 집에서 '운동'하는 사람이 많아요.
(3) 물의 흐름이 빠르다는 뜻이므로 '유속'이 적절해요.
(4) 환경을 최우선으로 하는 세계적인 시대의 흐름을 뜻하므로 '조류'가 들어가야 해요.

3단계 글로 익히기

1 (1) 운동　(2) 동물　(3) 전류
2 (1) 조류　(2) 활동

1 (1) 건강을 위해 몸을 움직이는 것을 '운동'이라고 해요.
(2) 사람을 제외한 짐승을 '동물'이라고 해요.
(3) 전기가 흐르는 것을 '전류'라고 해요.
2 (1) 배는 물의 흐름을 따라가므로 '조류'가 알맞아요.
(2) 다리를 다치면 움직이기 어려우므로 '활동'이 들어가는 것이 적절해요.

본문 · 104~107쪽

1단계 낱말 알아보기

| 1 자립 | 2 입장 | 3 직립 | 4 설립 |
| 5 건설 | 6 건국 | 7 재건 | 8 창건 |

1 '자립'은 '스스로'와 '서다'를 뜻하는 말이 합쳐진 낱말이에요.
2 '입장'은 '서다'와 '마당'이라는 뜻이 합쳐진 낱말이에요.
3 '직립'은 '곧다'와 '서다'를 뜻하는 말로 만들어졌어요.
4 '설립'은 '세우다'와 '서다'를 뜻하는 말로 이루어졌어요.
5 '건설'은 '세우다'와 '세우다'를 뜻하는 말이 합쳐진 낱말이에요.
6 '건국'은 '세우다'와 '나라'를 뜻하는 말로 만들어졌어요.
7 '재건'은 '거듭'과 '세우다'를 뜻하는 말로 이루어졌어요.
8 '창건'은 '시작하다'와 '세우다'라는 말이 합쳐진 낱말이에요.

2단계 문제 풀기

1 (1) 직립　(2) 건국
2 (1) 창건　(2) 재건　(3) 설립　(4) 입장
3 예 경기장을 건설하였다.

1 (1) 사람들은 두 발로 서서 생활하므로 '직립'이 들어가야 해요.
　(2) 주몽은 고구려를 세운 사람이므로 '건국'이 알맞아요.
2 (1) 선운사라는 절은 백제 시대에 지어졌으므로 '창건'이 적절해요.
　(2) 흥선 대원군은 화재로 타 버린 경복궁을 다시 지었으므로 '재건'이 알맞아요.
　(3) 사람들과 회사를 세웠다는 뜻이므로 '설립'이 들어가야 해요.
　(4) 친구를 곤란하게 했다는 뜻이므로 '입장'이 알맞아요.

3단계 글로 익히기

1 (1) 건설　(2) 재건　(3) 입장
2 (1) ○　(2) ×　(3) ○

1 (1) 건물이나 시설을 새로 만드는 것을 '건설'이라고 해요.
　(2) 허물어진 건물을 다시 세우는 것은 '재건'이라고 해요.
　(3) 마주하고 있는 상황을 '입장'이라고 해요.
2 (2) '나'는 친구들과 매주 도서관에 가서 책을 읽었어요.

본문 · 108~111쪽

1단계 낱말 알아보기

| 1 구분 | 2 신분 | 3 분류 | 4 분수 |
| 5 별개 | 6 구별 | 7 차별 | 8 이별 |

1 '구분'은 '나누다'와 '나누다'를 뜻하는 말이 합쳐진 낱말이에요.
2 '신분'은 '몸'과 '나누다'라는 뜻이 합쳐진 낱말이에요.
3 '분류'는 '나누다'와 '종류'를 뜻하는 말로 만들어졌어요.
4 '분수'는 '나누다'와 '정도'를 뜻하는 말로 이루어졌어요.
5 '별개'는 '다르다'와 '낱낱'을 뜻하는 말이 합쳐진 낱말이에요.
6 '구별'은 '구분하다'와 '나누다'를 뜻하는 말로 만들어졌어요.
7 '차별'은 '다르다'와 '나누다'를 뜻하는 말로 이루어졌어요.
8 '이별'은 '떠나다'와 '나누다'라는 말이 합쳐진 낱말이에요.

2단계 문제 풀기

1 (1) 구별　(2) 이별　(3) 분류
2 (1) 별개　(2) 차별　(3) 분수
3 예 신분을 알 수 있었다.

1 (1) 요즘 파는 옷은 나이와 성별로 나뉘지 않는 것이 많다는 뜻이므로 '구별'이 알맞아요.
　(2) 두 사람이 심하게 다투었다고 하였으므로 '이별'이 들어가야 해요.
　(3) 책을 종류에 따라서 나누었다는 뜻이므로 '분류'가 적절해요.
2 (1) 그는 자신과 어머니의 삶이 서로 다르다고 생각하였으므로 '별개'가 적절해요.
　(2) 피부색이 다르다는 이유로 다르게 대하는 것은 '차별'이에요.
　(3) 자신의 능력에 맞게 생활하는 것을 '분수'라고 해요.

3단계 글로 익히기

1 (1) 분수　(2) 분류　(3) 구별
2 (1) 신분　(2) 차별

1 (1) 자신의 신분에 맞는 한도를 '분수'라고 해요.
　(2) 종류에 따라 나누는 것을 '분류'라고 해요.
　(3) 성질이나 종류에 따라 갈라놓는 것을 '구별'이라고 해요.
2 (1) 조선 시대의 양반은 '신분'의 하나예요.
　(2) 능력이 다르다는 것을 고려하여 일을 시켰다고 하였으므로 '차별'이 들어가야 해요.

1단계 낱말 알아보기

1 견학	2 참견	3 발견	4 견해
5 현금	6 실현	7 발현	8 현재

1 '견학'은 '보다'와 '배우다'를 뜻하는 말이 합쳐진 낱말이에요.
2 '참견'은 '참여하다'와 '보다'라는 뜻이 합쳐진 낱말이에요.
3 '발견'은 '드러내다'와 '보다'를 뜻하는 말로 만들어졌어요.
4 '견해'는 '보다'와 '깨닫다'를 뜻하는 말로 이루어졌어요.
5 '현금'은 '실재'와 '돈'을 뜻하는 말이 합쳐진 낱말이에요.
6 '실현'은 '열매'와 '나타나다'를 뜻하는 말로 만들어졌어요.
7 '발현'은 '드러내다'와 '나타나다'를 뜻하는 말로 이루어졌어요.
8 '현재'는 '나타나다'와 '있다'라는 말이 합쳐진 낱말이에요.

2단계 문제 풀기

1 (1) 견해　(2) 참견　(3) 발현
2 (1) 현금　(2) 견학　(3) 발견　(4) 실현
3 ⑩ 민속촌으로 견학을 다녀왔다.

1 (1) 각자 일을 하기로 했으므로 다른 것은 '견해'가 알맞아요.
　(2) 남의 일에 간섭하는 것은 예의가 아니므로 '참견'이 들어가야 해요.
　(3) 청소년기는 자아가 나타나는 시기이므로 '발현'이 적절해요.
2 (1) 돈을 내는 것과 관련이 있으므로 '현금'이 알맞아요.
　(2) 박물관에 학생들이 왔다고 하였으므로 '견학'이 들어가야 해요.
　(3) 콜럼버스는 신대륙을 찾은 탐험가이므로 '발견'이 적절해요.
　(4) 계획을 이룰 수 있도록 세워야 하므로 '실현'이 알맞아요.

3단계 글로 익히기

1 (1) 견학　(2) 발견　(3) 참견
2 (1) ×　(2) ○　(3) ○

1 (1) 실지로 보고 배우는 것을 '견학'이라고 해요.
　(2) 아직 알려지지 않은 사실을 찾아내는 것을 '발견'이라고 해요.
　(3) 끼어들어 아는 체하는 것을 '참견'이라고 해요.
2 (1) '나'와 친구들이 공룡 박물관에서 본 것은 공룡 뼈와 발자국이에요.

1단계 낱말 알아보기

1 기세	2 공기	3 기상	4 기후
5 영감	6 독후감	7 감각	8 감정

1 '기세'는 '기운'과 '세력'을 뜻하는 말이 합쳐진 낱말이에요.
2 '공기'는 '비다'와 '기운'이라는 뜻이 합쳐진 낱말이에요.
3 '기상'은 '기운'과 '모양'을 뜻하는 말로 만들어졌어요.
4 '기후'는 '기운'과 '계절'을 뜻하는 말로 이루어졌어요.
5 '영감'은 '영혼'과 '느끼다'를 뜻하는 말이 합쳐진 낱말이에요.
6 '독후감'은 '읽다', '뒤', '느끼다'를 뜻하는 말로 만들어졌어요.
7 '감각'은 '느끼다'와 '깨닫다'를 뜻하는 말로 이루어졌어요.
8 '감정'은 '느끼다'와 '뜻'이라는 말이 합쳐진 낱말이에요.

2단계 문제 풀기

1 (1) 기후　(2) 감각
2 (1) 공기　(2) 기상　(3) 영감　(4) 감정
3 ⑩ 독후감으로 상을 받았다.

1 (1) 올여름은 더울 것으로 예상된다고 하였으므로 '기후'가 적절해요.
　(2) 개는 냄새를 맡는 것이 발달하였으므로 '감각'이 들어가야 해요.
2 (1) 가을이 되어 쌀쌀해졌다고 하였으므로 '공기'가 알맞아요.
　(2) 비행을 하기에 상황이 좋지 않다고 하였으므로 '기상'이 적절해요.
　(3) 행복한 가정을 보고 작품에 대한 생각이 떠오른 것이므로 '영감'이 들어가야 해요.
　(4) 울음을 참았다고 하였으므로 억누른 것은 '감정'이에요.

3단계 글로 익히기

1 (1) 독후감　(2) 영감　(3) 기세
2 (1) 감각　(2) 공기

1 (1) 책이나 글을 읽고 난 후의 느낌을 적은 것을 '독후감'이라고 해요.
　(2) 창조적인 일에 계기가 되는 기발한 자극을 '영감'이라고 해요.
　(3) 기운차게 뻗치는 모양이나 상태를 '기세'라고 해요.
2 (1) 벌에 쏘여서 마비가 된다고 하였으므로 '감각'이 알맞아요.
　(2) 비가 그친 후 맑았다고 하였으므로 '공기'가 들어가야 해요.

1단계 낱말 알아보기

1 상심   **2** 심상   **3** 심란   **4** 민심
5 유념   **6** 염려   **7** 신념   **8** 상념

1 '상심'은 '다치다'와 '마음'을 뜻하는 말이 합쳐진 낱말이에요.
2 '심상'은 '마음'과 '바탕'이라는 뜻이 합쳐진 낱말이에요.
3 '심란'은 '마음'과 '어지럽다'를 뜻하는 말로 만들어졌어요.
4 '민심'은 '백성'과 '마음'을 뜻하는 말로 이루어졌어요.
5 '유념'은 '머무르다'와 '생각'을 뜻하는 말이 합쳐진 낱말이에요.
6 '염려'는 '생각'과 '생각하다'를 뜻하는 말로 만들어졌어요.
7 '신념'은 '믿다'와 '생각'을 뜻하는 말로 이루어졌어요.
8 '상념'은 '생각'과 '생각'이라는 말이 합쳐진 낱말이에요.

2단계 문제 풀기

1 (1) 유념   (2) 상념   (3) 염려
2 (1) 심상   (2) 심란   (3) 유념
3 예 민심을 사로잡았다.

1 (1) 가을철이 되면 환절기 건강을 생각하라는 뜻이므로 '유념'이 알맞아요.
　　(2) 생각에 잠겨 의자에 앉아 있었다는 뜻이므로 '상념'이 적절해요.
　　(3) 농부가 비가 많이 내릴까 봐 걱정하였다는 뜻이므로 '염려'가 들어가야 해요.
2 (1) 마음이 고운 아이라고 하였으므로 '심상'이 들어가야 해요.
　　(2) 여행을 떠났다고 하였으므로 마음이 '심란'하다는 것이 적절해요.
　　(3) 추억은 마음속에 품고 있는 지나간 일을 생각하는 것이므로 '유념'이 알맞아요.

3단계 글로 익히기

1 (1) 심란   (2) 신념   (3) 염려
2 (1) ×   (2) ○   (3) ○

1 (1) 마음이 어수선한 것을 '심란'하다고 해요.
　　(2) 굳게 믿는 마음을 '신념'이라고 해요.
　　(3) 마음을 써서 걱정하는 것을 '염려'라고 해요.
2 (1) 유정이는 체육 대회에서 달리기 선수가 되었어요.

1단계 낱말 알아보기

1 의사   **2** 의식   **3** 의미   **4** 유의
5 정감   **6** 애정   **7** 인정   **8** 표정

1 '의사'는 '뜻'과 '생각'을 뜻하는 말이 합쳐진 낱말이에요.
2 '의식'은 '뜻'과 '알다'라는 뜻이 합쳐진 낱말이에요.
3 '의미'는 '뜻'과 '뜻'을 뜻하는 말로 만들어졌어요.
4 '유의'는 '머무르다'와 '뜻'을 뜻하는 말로 이루어졌어요.
5 '정감'은 '마음'과 '느끼다'를 뜻하는 말이 합쳐진 낱말이에요.
6 '애정'은 '사랑'과 '마음'을 뜻하는 말로 만들어졌어요.
7 '인정'은 '사람'과 '마음'을 뜻하는 말로 이루어졌어요.
8 '표정'은 '겉'과 '마음'이라는 말이 합쳐진 낱말이에요.

2단계 문제 풀기

1 (1) 의미   (2) 표정   (3) 유의
2 (1) 의미   (2) 의식   (3) 인정   (4) 애정
3 예 홍수에 유의해야 한다.

1 (1) 휴일에 잠만 자면 의미가 없으므로 '의미'가 들어가야 해요.
　　(2) 갖고 싶은 선물을 받아 좋아하는 마음이 드러났다고 하였으므로 '표정'이 들어가는 것이 알맞아요.
　　(3) 약의 부작용은 조심해야 하므로 '유의'가 적절해요.
2 (1) 돈이 중요하지 않다는 뜻이므로 '의미'가 알맞아요.
　　(2) 올바로 생각하는 사람은 그런 행동을 하지 않는다는 것이므로 '의식'이 적절해요.
　　(3) 사정을 보지 않고 일을 처리하겠다고 하였으므로 '인정'이 들어가야 해요.
　　(4) 동은이는 바둑을 좋아하는 것이므로 '애정'이 들어가는 것이 알맞아요.

3단계 글로 익히기

1 (1) 표정   (2) 애정   (3) 인정
2 (1) ○   (2) ○   (3) ×

1 (1) 겉으로 드러나는 마음을 '표정'이라고 해요.
　　(2) 사랑하는 마음을 '애정'이라고 해요.
　　(3) 남을 동정하는 따뜻한 마음을 '인정'이라고 해요.
2 (3) 강아지 뽀미는 '나'와 우리 집에서 살고 있어요.

1단계　낱말 알아보기

1 기한	**2** 기대	**3** 기간	**4** 기약
5 대기	**6** 대접	**7** 고대	**8** 대우

1 '기한'은 '기약하다'와 '시기'를 뜻하는 말이 합쳐진 낱말이에요.
2 '기대'는 '기약하다'와 '기다리다'라는 뜻이 합쳐진 낱말이에요.
3 '기간'은 '기약하다'와 '동안'을 뜻하는 말로 만들어졌어요.
4 '기약'은 '약속하다'와 '약속하다'를 뜻하는 말로 이루어졌어요.
5 '대기'는 '기다리다'와 '기회'를 뜻하는 말이 합쳐진 낱말이에요.
6 '대접'은 '기다리다'와 '대우하다'를 뜻하는 말로 만들어졌어요.
7 '고대'는 '깊이'와 '기다리다'를 뜻하는 말로 이루어졌어요.
8 '대우'는 '기다리다'와 '대접하다'라는 말이 합쳐진 낱말이에요.

2단계　문제 풀기

1 (1) 기약　(2) 기한
2 (1) 기대　(2) 대우　(3) 기한　(4) 고대
3 예 유통 기한을 신경 써야 한다.

1 (1) 만나기로 약속하는 것을 '기약'이라고 해요.
　(2) 자격증을 제출해야 하는 날짜가 이번 달 10일까지라고 하였으므로 '기한'이 들어가야 해요.
2 (1) 인간은 100세를 넘게 살 것으로 예상되므로 '기대'가 적절해요.
　(2) 회사에서 직원에게 해 줄 수 있는 것은 '대우'가 알맞아요.
　(3) 열 달 정도 남았다고 하였으므로 '기한'이 들어가야 해요.
　(4) 아이들은 소풍날만을 기다리고 있으므로 '고대'가 적절해요.

3단계　글로 익히기

1 (1) 기대　(2) 대기　(3) 고대
2 (1) ×　(2) ×　(3) ○

1 (1) 이루어지기를 바라면서 기다리는 것을 '기대'라고 해요.
　(2) 때나 기회를 기다리는 것을 '대기'라고 해요.
　(3) 몹시 기다리는 것을 '고대'라고 해요.
2 (1) 연우네 가족은 제주도에 사시는 할머니 댁에 갔어요.
　(2) 연우네 가족은 할머니 댁에 가기 위해 비행기를 탔어요.

1단계　낱말 알아보기

1 정직	**2** 수정	**3** 정곡	**4** 정월
5 선행	**6** 최선	**7** 선량	**8** 자선

1 '정직'은 '바르다'와 '곧다'를 뜻하는 말이 합쳐진 낱말이에요.
2 '수정'은 '닦다'와 '바르다'라는 뜻이 합쳐진 낱말이에요.
3 '정곡'은 '바르다'와 '과녁'을 뜻하는 말로 만들어졌어요.
4 '정월'은 '바르다'와 '달'을 뜻하는 말로 이루어졌어요.
5 '선행'은 '착하다'와 '다니다'를 뜻하는 말이 합쳐진 낱말이에요.
6 '최선'은 '가장'과 '착하다'를 뜻하는 말로 만들어졌어요.
7 '선량'은 '착하다'와 '어질다'를 뜻하는 말로 이루어졌어요.
8 '자선'은 '사랑'과 '착하다'라는 말이 합쳐진 낱말이에요.

2단계　문제 풀기

1 (1) 수정　(2) 정직　(3) 선행
2 (1) 정곡　(2) 자선　(3) 선량
3 예 정월 대보름을 즐겼다.

1 (1) 원고를 고치는 것을 '수정'이라고 해요.
　(2) 아버지께서 굳게 믿는 것이라고 했으므로 '정직'이 알맞아요.
　(3) 흥부가 제비 다리를 고쳐 준 것은 착한 행동이므로 '선행'이 들어가야 해요.
2 (1) 찌르는 말이라고 하였으므로 '정곡'이 적절해요.
　(2) 힘든 시기에도 베풀었다고 하였으므로 '자선'이 알맞아요.
　(3) 그가 사건의 범인이라고 하였으므로 '선량'이 들어가야 해요.

3단계　글로 익히기

1 (1) 정월　(2) 수정　(3) 선행
2 (1) 정직　(2) 자선

1 (1) 음력으로 한 해의 첫째 달을 '정월'이라고 해요.
　(2) 잘못된 것을 바로 잡는 것을 '수정'이라고 해요.
　(3) 착한 행동을 '선행'이라고 해요.
2 (1) 부모님께서 하신 말씀이므로 '정직'이 들어가야 해요.
　(2) 이웃을 돕는 성금을 모았다고 했으므로 '자선'이 알맞아요.

오늘 배운 한자를 다시 써 보세요.

有 있을 유

無 없을 무

오늘 배운 한자를 다시 익혀 보세요.

1 다음 한자성어의 뜻을 골라 보세요. (③)

有口無言 유구무언

① 서로가 마음을 터놓고 진실하게 사귄다는 말
② 죽은 뒤에라도 은혜를 잊지 않고 갚는다는 말
③ 입은 있으나 말이 없다는 뜻으로 변명할 말이 없다는 말

2 다음 밑줄 친 말에 해당하는 한자를 보기에서 찾아 써 보세요.

보기

 無  有  名  效

(1) 그는 <u>유명</u> 영화배우가 되어 인기를 끌었다. → 有名

(2) 올림픽 경기는 선수들의 반칙으로 <u>무효</u>가 되었다. → 無效

오늘 배운 낱말을 확인해 보세요.

1 다음 문장에 어울리는 낱말을 골라 ○표 하세요.

(1) 소설의 주인공은 몇 가지 ((유형) / 유지)(으)로 나눌 수 있다.

(2) 버려진 땅을 사서 나의 (소망 / (소유))(으)로 삼았다.

(3) 당근은 ((유효) / 유명) 성분을 섭취할 수 있도록 익혀 먹어야 한다.

(4) 선거 후보의 잘못으로 당선이 ((무효) / 무명) 처리되었다.

2 '무(無)'가 들어간 보기의 낱말 중 빈칸에 알맞은 낱말을 골라 써 보세요.

보기

무례   무명   무형

(1) 탈춤과 판소리는 [무형] 문화유산이다.

(2) 그는 [무례] 한 행동으로 비판을 받았다.

(3) [무명] 작가였던 그녀는 이제 유명 작가가 되었다.

 맞힌 개수 / 10  오늘 배운 한자   有 無 形 名 效 所 禮

오늘 배운 한자를 다시 써 보세요.

古 옛 고

今 이제 금

오늘 배운 한자를 다시 익혀 보세요.

1 다음 한자성어의 뜻을 골라 보세요. (③)

萬古常靑 만고상청

① 지나간 허물을 고치고 착하게 된다는 말
② 잘못된 점을 고치려다 수단이 지나쳐 도리어 일을 그르친다는 말
③ 만년이나 오래도록 항상 푸르다는 뜻으로, 언제나 변함이 없다는 말

2 보기와 같이 다음 밑줄 친 한자어의 독음을 써 보세요.

보기

<u>有形</u> → 유형

(1) 창덕궁은 조선 시대의 <u>古宮</u> 중 하나이다. → 고궁

(2) 비행기를 타자 제주도까지 <u>今方</u> 도착했다. → 금방

(3) 우리 마을에서 <u>古代</u> 유물이 발견되었다. → 고대

오늘 배운 낱말을 확인해 보세요.

1 다음 문장의 빈칸에 들어갈 알맞은 낱말을 찾아 색칠해 보세요.

(1) 홍길동전은 우리나라의 유명한 [ ] 소설이다.

고전 / 고민

(2) 그리스에는 [ ]에 만들어진 신전이 남아 있다.

고단 / 고대

(3) [ ]을 공부한 그는 유적 발굴단에 들어갔다.

고고학 / 유전학

2 다음 문장의 빈칸에 들어갈 알맞은 낱말을 찾아 선으로 이어 보세요.

(1) 우리는 ( )부터 한 시간만 놀기로 했다. — 작금

(2) 그 가게는 ( )에 하루만 휴업을 하였다. — 금일

(3) 우리는 ( )의 혼란한 현실에 안타까워했다. — 지금

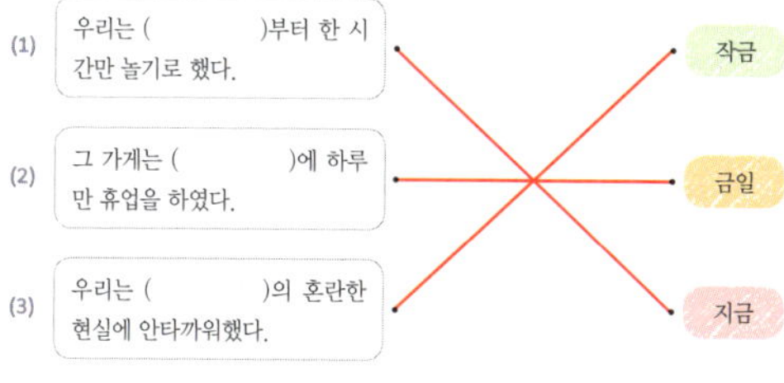 맞힌 개수 / 10 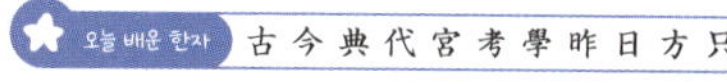 오늘 배운 한자   古 今 典 代 宮 考 學 昨 日 方 只

오늘 배운 한자를 다시 써 보세요.

遠 멀 원

近 가까울 근

오늘 배운 한자를 다시 익혀 보세요.

1 다음 한자성어의 뜻을 골라 보세요. (②)

近墨者黑 근묵자흑

① 평범한 사람 가운데 뛰어난 사람을 나타내는 말
② 나쁜 사람을 가까이하면 그 버릇에 물들기 쉽다는 말
③ 재능이 뛰어난 사람은 숨어 있어도 남의 눈에 드러난다는 말

2 다음 밑줄 친 말에 해당하는 한자를 [보기]에서 찾아 써 보세요.

[보기] 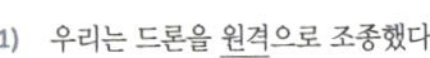
遠　　近　　隔　　郊

(1) 우리는 드론을 <u>원격</u>으로 조종했다.　→　遠隔

(2) 우리 가족은 주말을 맞아 <u>근교</u>로 여행을 떠났다.　→　近郊

오늘 배운 낱말을 확인해 보세요.

1 다음 문장에 어울리는 낱말을 골라 ○표 하세요.

(1) 나는 동생과 싸워서 관계가 (소란 /(소원))해졌다.

(2) 우리나라 축구 대표팀은 유럽으로 ((원정)/ 원망) 경기를 떠났다.

(3) 내가 좋아하는 참치는 (원수 /(원양))에서 대부분 잡힌다.

(4) 전염병이 돌자 우리 학교는 ((원격)/ 원정) 수업을 하였다.

2 '근(近)'이 들어간 [보기]의 낱말 중 빈칸에 알맞은 낱말을 골라 써 보세요.

[보기] 근위　　근처　　근시

(1) 우리는 집 [근처] 에서 만나 떡볶이를 먹었다.

(2) 나는 갑자기 [근시] 가 되어 안경을 맞추어야 했다.

(3) 그는 뛰어난 무술 실력으로 왕의 [근위] 대장이 되었다.

맞힌 개수 / 10 ★ 오늘 배운 한자 遠 近 隔 疏 征 洋 衛 郊 處 視

오늘 배운 한자를 다시 써 보세요.

少 적을 소

多 많을 다

오늘 배운 한자를 다시 익혀 보세요.

1 다음 한자성어의 뜻을 골라 보세요. (①)

多多益善 다다익선

① 많으면 많을수록 더욱 좋다는 말
② 환경에 따라 선하게도 되고 악하게도 된다는 말
③ 무슨 일을 오래 하면 자연히 할 줄 알게 된다는 말

2 다음 밑줄 친 말에 해당하는 한자를 [보기]에서 찾아 써 보세요.

[보기] 
多　　減　　額　　情　　少

(1) 태풍 때문에 사과 수확량이 <u>감소</u>했다.　→　減少

(2) 오늘 만난 소연이는 <u>다정</u>한 친구였다.　→　多情

(3) <u>소액</u>이지만 불우한 이웃을 위해 기부하였다.　→　少額

오늘 배운 낱말을 확인해 보세요.

1 다음 문장의 빈칸에 들어갈 알맞은 낱말을 찾아 색칠해 보세요.

(1) 그들은 □□□의 의견도 존중해 주었다.

소수　　　소질

(2) 유미는 용돈이 □□이라 실망하였다.

소망　　　소액

(3) 오랜만에 만난 조카는 □□으로 자라 있었다.

소년　　　검소

2 다음 문장의 빈칸에 들어갈 알맞은 낱말을 찾아 선으로 이어 보세요.

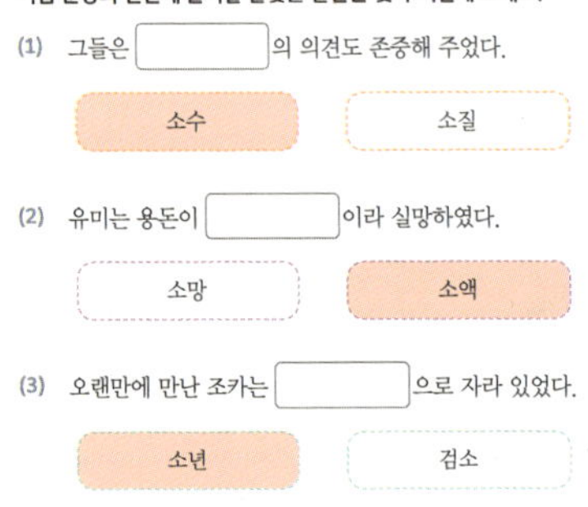

(1) 이 교차로는 사고 ( )　　　　다수
    지역이다.

(2) 그 배우는 ( )의 작품　　　　다각
    을 찍었다.

(3) 문제 해결 방법을 ( )　　　　다발
    으로 찾아보았다.

맞힌 개수 / 10 ★ 오늘 배운 한자 少 多 數 減 額 年 情 角 發

오늘 배운 한자를 다시 써 보세요.

重 重 무거울 중
輕 輕 가벼울 경

오늘 배운 한자를 다시 익혀 보세요.

1 다음 한자성어의 뜻을 골라 보세요. (③)

輕擧妄動 경거망동

① 물음과 전혀 상관없는 엉뚱한 대답을 이르는 말
② 같은 처지의 사람들이 서로 더 잘 이해한다는 말
③ 도리나 사정은 생각하지 않고 경솔하게 행동한다는 말

2 보기와 같이 다음 밑줄 친 한자어의 독음을 써 보세요.

보기
有形 → 유형

(1) 지구가 물체를 끌어당기는 힘을 重力이라고 한다. → 중력

(2) 내 동생은 꿈틀거리는 벌레를 무섭다며 輕蔑하였다. → 경멸

오늘 배울 낱말을 확인해 보세요.

1 다음 문장에 어울리는 낱말을 골라 ○표 하세요.

(1) 나는 무엇보다 가족이 (소망 / (소중))하다.

(2) 비행기에 실을 가방의 ((중량) / 중심)이 무거웠다.

(3) 도로 공사로 인해 교통 체증이 (가속 / (가중))되었다.

(4) 달이 지구 주위를 도는 것은 지구의 ((중력) / 중량) 때문이다.

2 '경(輕)'이 들어간 보기의 낱말 중 빈칸에 알맞은 낱말을 골라 써 보세요.

보기
경솔　　경량　　경감

(1) 겨울을 맞아 [경량] 패딩을 구매하였다.

(2) 그는 [경솔] 하게 행동하다 넘어지고 말았다.

(3) 올해부터 농어민들의 세금이 [경감] 되었다.

익힌 개수 　/ 10　 오늘 배운 한자 重 輕 所 量 力 加 蔑 率 量 減

오늘 배운 한자를 다시 써 보세요.

不 不 아닐 부(불)
可 可 옳을 가

오늘 배운 한자를 다시 익혀 보세요.

1 다음 한자성어의 뜻을 골라 보세요. (①)

莫無可奈 막무가내

① 도무지 어찌할 수 없다는 말
② 높은 지위에 오를수록 스스로 겸손해야 한다는 말
③ 겉으로는 복종하는 체하면서 속으로는 배반한다는 말

2 다음 밑줄 친 말에 해당하는 한자를 보기에서 찾아 써 보세요.

보기
不　許　能　良　可

(1) 오늘 산 냉장고는 불량 상품이었다. → 不良

(2) 우리 가족은 숲에서 캠핑을 해도 된다는 허가를 받았다. → 許可

(3) 미래에는 우주 여행도 가능할 것이다. → 可能

오늘 배울 낱말을 확인해 보세요.

1 다음 문장의 빈칸에 들어갈 알맞은 낱말을 찾아 색칠해 보세요.

(1) 우리가 먹기에 준비된 음식이 [　　　] 하였다
　부족　　만족

(2) 그는 [　　　] 한 방법으로 재산을 모아 비난을 받았다.
　정직　　부정

(3) 번개가 [　　　] 몇 분 사이에 수십 번이나 쳤다.
　불과　　불만

2 다음 문장의 빈칸에 들어갈 알맞은 낱말을 찾아 선으로 이어 보세요.

(1) 우리는 (　　　)을/를 잘 분별하는 사람이 되어야 한다. — 가능

(2) 억지로 우는 체하는 친구의 모습이 (　　　)이었다. — 가부

(3) 그 선수는 우승을 (　　　) 하게 만들었다. — 가관

익힌 개수 　/ 10　 오늘 배운 한자 不 可 足 良 正 過 能 觀 否 許

오늘 배운 한자를 다시 써 보세요.

新 새 신
舊 옛 구

오늘 배운 한자를 다시 익혀 보세요.

1 다음 한자성어의 뜻을 골라 보세요.　(②)

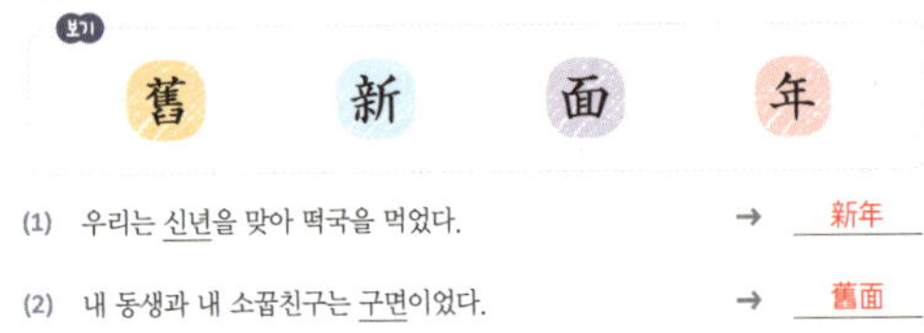

溫故知新 온고지신

① 지금까지 한 번도 있어 본 적이 없다는 말
② 옛것을 익히고 그것을 미루어서 새것을 안다는 말
③ 자기의 힘은 헤아리지 않고 강자에게 함부로 덤빈다는 말

2 다음 밑줄 친 말에 해당하는 한자를 |보기|에서 찾아 써 보세요.

|보기|
舊　新　面　年

(1) 우리는 <u>신년</u>을 맞아 떡국을 먹었다.　→　新年

(2) 내 동생과 내 소꿉친구는 <u>구면</u>이었다.　→　舊面

오늘 배운 낱말을 확인해 보세요.

1 다음 문장에 어울리는 낱말을 골라 ○표 하세요.

(1) 학교에 (소식 / (신식)) 에어컨이 설치되었다.

(2) 그는 올림픽에서 신기록을 ((경신)/ 경주)하였다.

(3) 그 작가는 오랜만에 (순간 / (신간)) 소설을 발표하였다.

(4) 우리 가족은 ((신년)/ 신식)을 맞아 다이어트를 하기로 약속하였다.

2 '구(舊)'가 들어간 |보기|의 낱말 중 빈칸에 알맞은 낱말을 골라 써 보세요.

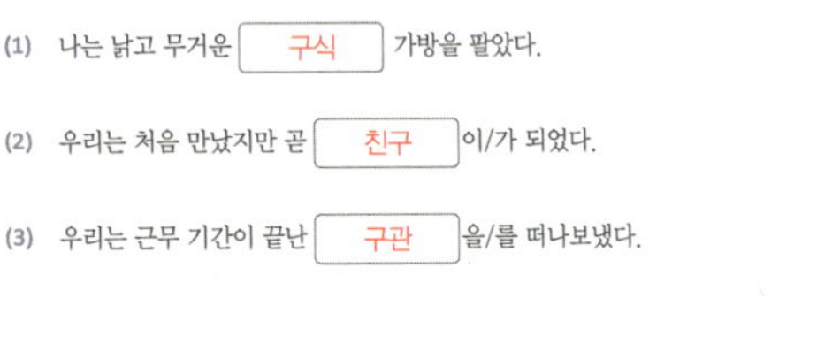
|보기|
구식　구관　친구

(1) 나는 낡고 무거운 [구식] 가방을 팔았다.

(2) 우리는 처음 만났지만 곧 [친구]이/가 되었다.

(3) 우리는 근무 기간이 끝난 [구관]을/를 떠나보냈다.

맞힌 개수 ／ 10　오늘 배운 한자 　新 舊 年 式 更 刊 面 親 官

오늘 배운 한자를 다시 써 보세요.

才 재주 재
能 능할 능

오늘 배운 한자를 다시 익혀 보세요.

1 다음 한자성어의 뜻을 골라 보세요.　(②)

能小能大 능소능대

① 여러 사람 중에 가장 뛰어나다는 말
② 큰 일이나 작은 일이나 임기응변으로 잘 해낸다는 말
③ 아무런 생각 없이 남이 하는 대로 덩달아 행동한다는 말

2 |보기|와 같이 다음 밑줄 친 한자어의 독음을 써 보세요.

|보기|
有形 → 유형

(1) 우리 누나는 과학을 잘하는 <u>秀才</u>이다.　→　수재

(2) 주아는 퍼즐을 완성할 <u>能力</u>이 있었다.　→　능력

(3) 시민들은 재난 대응 훈련에 <u>能動</u>적으로 참여하였다.　→　능동

오늘 배운 낱말을 확인해 보세요.

1 다음 문장의 빈칸에 들어갈 알맞은 낱말을 찾아 색칠해 보세요.

(1) 재준이는 [　]을/를 잘하여 인기가 많았다.
　　재미　　재담

(2) 누나는 여러 악기를 연주하는 [　]을/를 가졌다.
　　다재　　다양

(3) 주아는 가야금 연주 실력이 뛰어나 [　]로 인정받았다.
　　존재　　귀재

2 다음 문장의 빈칸에 들어갈 알맞은 낱말을 찾아 선으로 이어 보세요.

(1) 새로 뽑은 직원은 여러 분야에서 (　　)했다.　—　재능

(2) 희정이는 수학적 (　　)이 뛰어났다.　—　전능

(3) 영수는 급박한 위기 상황에 가장 (　　)적으로 움직였다.　—　능동

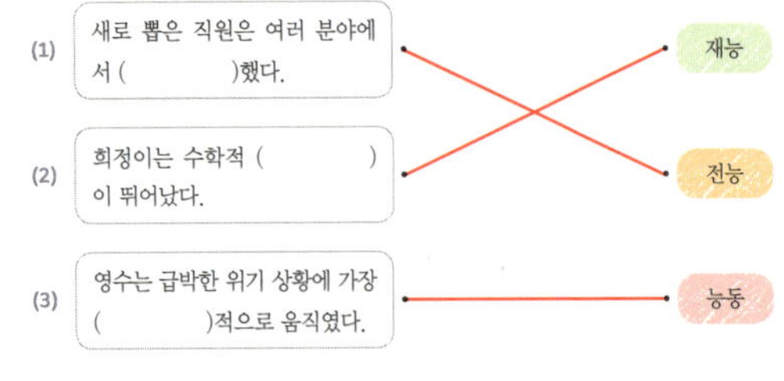

학인 개수 ／ 10　오늘 배운 한자 　才 能 談 秀 多 鬼 力 全 動

 오늘 배운 한자를 다시 써 보세요.

紙 (종이 지)
字 (글자 자)

 오늘 배운 한자를 다시 익혀 보세요.

1 다음 한자성어의 뜻을 골라 보세요.　(③)

不立文字 불립문자

① 아무리 기다려도 실현될 가능성이 없다는 말
② 사방을 둘러보아도 의지할 곳이 전혀 없다는 말
③ 말이나 글에 집착하지 않고 마음에서 마음으로 뜻을 전하고 깨닫는다는 말

2 다음 밑줄 친 말에 해당하는 한자를 보기 에서 찾아 써 보세요.

보기
 紙　　 數　　 便　　 字

(1) 나는 친구의 생일을 축하하기 위해 편지를 썼다.　→　便紙

(2) 우리는 열 개의 아라비아 숫자를 사용하고 있다.　→　數字

 오늘 배운 낱말을 확인해 보세요.

1 다음 문장에 어울리는 낱말을 골라 ○표 하세요.

(1) 이 종이는 재생 용지로 만들어 ((지면)/ 지식)이 거칠다.

(2) 나는 매일 배달 오는 (주간지 /(일간지))를 구독하였다.

(3) 우리는 고급 ((한지)/ 한파)에 먹으로 동양화를 그렸다.

(4) 요즘은 ((편지)/ 한지)보다는 문자 메시지를 더 많이 보낸다.

2 '자(字)'가 들어간 보기 의 낱말 중 빈칸에 알맞은 낱말을 골라 써 보세요.

보기
한자　　문자　　영문자

(1) 나는 　영문자　 로 적힌 영국 작가의 책을 큰 소리로 읽었다.

(2) 하늘이는 핸드폰으로 　문자　 메시지를 써서 선생님께 보냈다.

(3) 우리나라 이름은 　한자　 로 '大韓民國'이라고 쓴다.

 맞힌 개수　 / 10

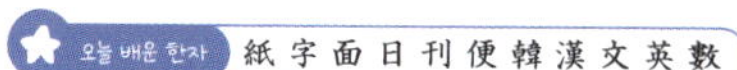 오늘 배운 한자　紙 字 面 日 刊 便 韓 漢 文 英 數

 오늘 배운 한자를 다시 써 보세요.

根 (뿌리 근)
本 (근본 본)

 오늘 배운 한자를 다시 익혀 보세요.

1 다음 한자성어의 뜻을 골라 보세요.　(①)

本末顚倒 본말전도

① 일의 처음과 나중이 뒤바뀐다는 말
② 쓸데없는 짓을 하여 도리어 잘못되게 한다는 말
③ 작은 것을 탐내다가 큰 것을 잃을 수도 있다는 말

2 다음 밑줄 친 말에 해당하는 한자를 보기 에서 찾아 써 보세요.

보기
 根　　 原　　 源　　 本

(1) 숲에 있는 샘물이 강물의 근원이었다.　→　根源

(2) 정보가 사실인지 원본인 책을 보고 확인하였다.　→　原本

(3) 끔찍한 사건이 발생한 근본 원인을 찾아야 한다.　→　根本

 오늘 배운 낱말을 확인해 보세요.

1 다음 문장의 빈칸에 들어갈 알맞은 낱말을 찾아 색칠해 보세요.

(1) 그는 자신이 범인이 아니라는 [　　　]를 제시했다.
　　근처　　　근거

(2) 이상 기후는 지구 온난화가 [　　　] 원인이다.
　　근본　　　근거

(3) [　　　]을 간장과 설탕에 조려서 조림으로 만들었다.
　　출근　　　연근

2 다음 문장의 빈칸에 들어갈 알맞은 낱말을 찾아 선으로 이어 보세요.

(1) 나는 그를 성공의 (　　　)(으)로 삼았다.

(2) 이 책은 조선 시대 책을 베껴 적은 (　　　)이다.

(3) 건물이 낡아서 (　　　)의 모습을 잃어버렸다.

본래
사본
표본

 맞힌 개수　 / 10

 오늘 배운 한자　根 本 據 源 本 蓮 原 來 標 寫

공부한 날   월   일

오늘 배운 한자를 다시 써 보세요.

形 모양 형

成 이룰 성

오늘 배운 한자를 다시 익혀 보세요.

1 다음 한자성어의 뜻을 골라 보세요.　　　　(①)

大器晩成 대기만성

① 늦은 나이가 되어 성공한다는 말
② 늘 책을 가까이하여 학문을 열심히 한다는 말
③ 글자를 아는 것이 오히려 근심거리가 된다는 말

2 보기와 같이 다음 밑줄 친 한자어의 독음을 써 보세요.

보기

有形 → 유형

(1) 코가 부러진 친구는 코를 成形하는 수술을 받았다.　→　성형

(2) 하늘이는 열심히 노력하여 마침내 발명에 成功하였다.　→　성공

오늘 배운 낱말을 확인해 보세요.

1 다음 문장에 어울리는 낱말을 골라 ○표 하세요.

(1) 큰 강의 근처에서 나라가 (형성 / 정성)되었다.

(2) 안개가 걷히자 바다 위에 떠 있는 배의 (형제 / 형체)가 보였다.

(3) 그 조각은 거북이 (형상 / 상황)을 하고 있었다.

(4) 나는 손가락이 부러져 (성숙 / 성형) 수술을 받았다.

2 '성(成)'이 들어간 보기의 낱말 중 빈칸에 알맞은 낱말을 골라 써 보세요.

보기

성장　　　성숙　　　완성

(1) 나는 다섯 시간만에 그림을 완성하였다.

(2) 농부는 병아리의 성장 과정을 관찰하였다.

(3) 아이들은 싸우고 화해하는 과정에서 마음이 성숙하였다.

익힌 개수 ＿＿ / 10　　오늘 배운 한자 　形 成 體 成 象 形 長 功 熟 完

공부한 날   월   일

오늘 배운 한자를 다시 써 보세요.

他 다를 타

者 놈 자

오늘 배운 한자를 다시 익혀 보세요.

1 다음 한자성어의 뜻을 골라 보세요.　　　　(②)

會者定離 회자정리

① 약한 자가 강한 자에게 먹힌다는 말
② 만나면 언젠가는 헤어지게 된다는 말
③ 나쁜 사람을 가까이하면 그 버릇에 물들기 쉽다는 말

2 다음 밑줄 친 말에 해당하는 한자를 보기에서 찾아 써 보세요.

보기

記　社　話　他　者

(1) 타사에서 온 서류를 사장님께 전달하였다.　→　他社

(2) 그는 사건의 사실을 전하는 진실한 기자가 되었다.　→　記者

(3) 청자는 화자의 말을 귀 기울여 들어야 한다.　→　話者

오늘 배운 낱말을 확인해 보세요.

1 다음 문장의 빈칸에 들어갈 알맞은 낱말을 찾아 색칠해 보세요.

(1) 행동할 때는 □□에게 피해를 주지 말아야 한다.

타인　　　하인

(2) 아빠는 은행에 가서 돈을 □□으로 보냈다.

타협　　　타행

(3) 우리는 사회에서 □□와 어울려 살아야 한다.

타자　　　타파

2 다음 문장의 빈칸에 들어갈 알맞은 낱말을 찾아 선으로 이어 보세요.

(1) 나는 이야기의 (　　)가 되어 책을 읽었다.　　　저자

(2) 사건의 (　　)를 보호해야 한다.　　　화자

(3) 그는 동화를 쓰는 (　　)가 되었다.　　　피해자

맞힌 개수 ＿＿ / 10　　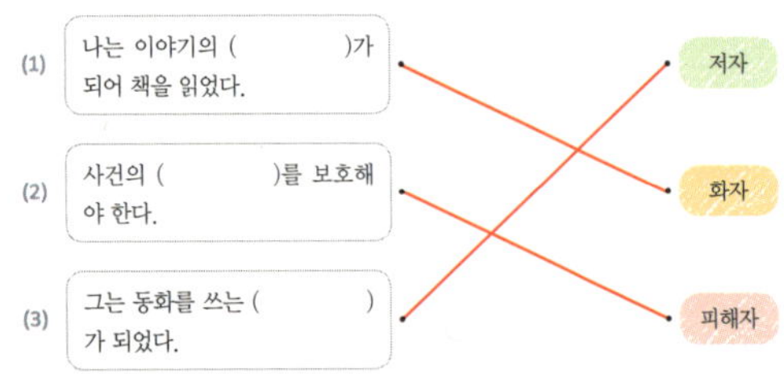오늘 배운 한자 　他 者 人 社 行 記 著 被 害 話

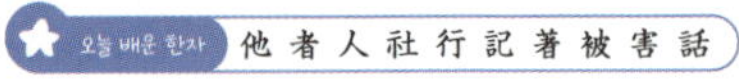

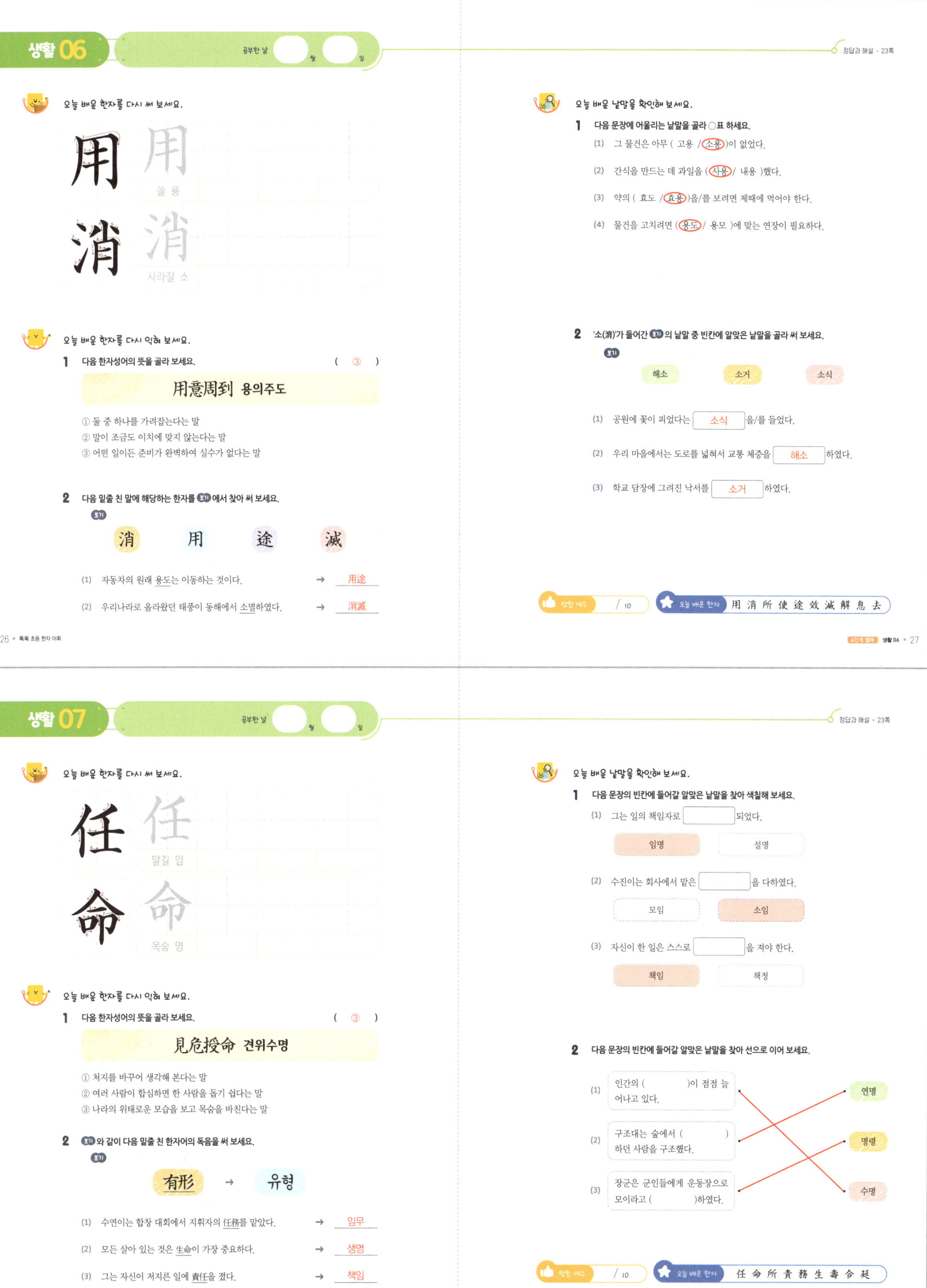

생활 06

오늘 배운 한자를 다시 써 보세요.

用 쓸 용
消 사라질 소

오늘 배운 한자를 다시 익혀 보세요.

1 다음 한자성어의 뜻을 골라 보세요.　(③)

用意周到 용의주도

① 둘 중 하나를 가려잡는다는 말
② 말이 조금도 이치에 맞지 않는다는 말
③ 어떤 일이든 준비가 완벽하여 실수가 없다는 말

2 다음 밑줄 친 말에 해당하는 한자를 보기에서 찾아 써 보세요.

보기
消　用　途　滅

(1) 자동차의 원래 용도는 이동하는 것이다.　→　用途
(2) 우리나라로 올라왔던 태풍이 동해에서 소멸하였다.　→　消滅

오늘 배운 낱말을 확인해 보세요.

1 다음 문장에 어울리는 낱말을 골라 ○표 하세요.
(1) 그 물건은 아무 (고용 / 소용)이 없었다.
(2) 간식을 만드는 데 과일을 (사용 / 내용)했다.
(3) 약의 (효도 / 효용)을/를 보려면 제때에 먹어야 한다.
(4) 물건을 고치려면 (용도 / 용모)에 맞는 연장이 필요하다.

2 '소(消)'가 들어간 보기의 낱말 중 빈칸에 알맞은 낱말을 골라 써 보세요.

보기
해소　소거　소식

(1) 공원에 꽃이 피었다는 소식 을/를 들었다.
(2) 우리 마을에서는 도로를 넓혀서 교통 체증을 해소 하였다.
(3) 학교 담장에 그려진 낙서를 소거 하였다.

맞힌 개수 　/ 10

오늘 배운 한자　用 消 所 使 途 效 減 解 息 去

생활 07

오늘 배운 한자를 다시 써 보세요.

任 맡길 임
命 목숨 명

오늘 배운 한자를 다시 익혀 보세요.

1 다음 한자성어의 뜻을 골라 보세요.　(③)

見危授命 견위수명

① 처지를 바꾸어 생각해 본다는 말
② 여러 사람이 합심하면 한 사람을 돕기 쉽다는 말
③ 나라의 위태로운 모습을 보고 목숨을 바친다는 말

2 보기와 같이 다음 밑줄 친 한자어의 독음을 써 보세요.

보기
有形　→　유형

(1) 수연이는 합창 대회에서 지휘자의 任務를 맡았다.　→　임무
(2) 모든 살아 있는 것은 生命이 가장 중요하다.　→　생명
(3) 그는 자신이 저지른 일에 責任을 졌다.　→　책임

오늘 배운 낱말을 확인해 보세요.

1 다음 문장의 빈칸에 들어갈 알맞은 낱말을 찾아 색칠해 보세요.
(1) 그는 일의 책임자로 ☐ 되었다.
　임명　설명
(2) 수진이는 회사에서 맡은 ☐ 을 다하였다.
　모임　소임
(3) 자신이 한 일은 스스로 ☐ 을 져야 한다.
　책임　책정

2 다음 문장의 빈칸에 들어갈 알맞은 낱말을 찾아 선으로 이어 보세요.
(1) 인간의 (　　　)이 점점 늘어나고 있다.　—　연명
(2) 구조대는 숲에서 (　　　)하던 사람을 구조했다.　—　명령
(3) 장군은 군인들에게 운동장으로 모이라고 (　　　)하였다.　—　수명

맞힌 개수 　/ 10

오늘 배운 한자　任 命 所 責 務 生 壽 令 延

 오늘 배운 한자를 다시 써 보세요.

同 한가지 동

共 한가지 공

 오늘 배운 한자를 다시 익혀 보세요.

1 다음 한자성어의 뜻을 골라 보세요.　　　　(②)

同苦同樂 동고동락

① 자나 깨나 잊지 못한다는 말
② 같이 고생하고 같이 즐긴다는 말
③ 한 가지 일을 하여 두 가지 이익을 얻는다는 말

2 다음 밑줄 친 말에 해당하는 한자를 보기에서 찾아 써 보세요.

보기

生　協　共　同

(1) 우리는 숲을 청소하기 위해 협동하였다.　→　協同

(2) 인간과 자연은 지구에서 공생해야 한다.　→　共生

오늘 배운 낱말을 확인해 보세요.

1 다음 문장에 어울리는 낱말을 골라 ○표 하세요.

(1) 그 회사는 물건을 (동일 / 통일) 크기로 만들었다.

(2) 비행기 승객들은 (동행 / 동등)하게 대우를 받았다.

(3) 그들은 카페에서 오랜만에 (회복 / 회동)을 가졌다.

(4) 마을 사람들은 수해 복구를 위해 모두 (협동 / 협찬)하였다.

2 '공(共)'이 들어간 보기의 낱말 중 빈칸에 알맞은 낱말을 골라 써 보세요.

보기

공통　공공　공용

(1) 주민센터는 주민들이 이용하는 [공공] 기관이다.

(2) 영어는 세계에서 [공통]의 언어로 쓰이고 있다.

(3) 이 건물은 화장실을 남녀가 [공용]으로 사용하였다.

학습 개수 　 / 10　★ 오늘 배운 한자　同 共 一 等 協 會 通 公 用 生

 오늘 배운 한자를 다시 써 보세요.

急 급할 급

速 빠를 속

 오늘 배운 한자를 다시 익혀 보세요.

1 다음 한자성어의 뜻을 골라 보세요.　　　　(③)

速戰速決 속전속결

① 잘못한 사람이 도리어 잘한 사람을 나무란다는 말
② 같은 사람의 말이나 행동이 앞뒤가 서로 맞지 않는다는 말
③ 싸움을 오래 끌지 않고 될 수 있는 대로 재빨리 싸워 끝낸다는 말

2 다음 밑줄 친 말에 해당하는 한자를 보기에서 찾아 써 보세요.

보기

速　急　加　性

(1) 친구는 급성 맹장으로 병원에 입원하였다.　→　急性

(2) 빗방울은 하늘에서 땅으로 떨어질 때 속도가 가속된다.　→　加速

(3) 새로 산 충전기는 급속으로 충전이 가능하다.　→　急速

오늘 배운 낱말을 확인해 보세요.

1 다음 문장의 빈칸에 들어갈 알맞은 낱말을 찾아 색칠해 보세요.

(1) 우리나라 경제는 [　　　]으로 발전하였다.

급냉　　급속

(2) 주완이는 늦잠을 자는 바람에 여행을 [　　　]하게 떠났다.

다량　　다급

(3) 나는 [　　　] 열차를 타고 서울에서 부산으로 내려갔다.

급행　　급락

2 다음 문장의 빈칸에 들어갈 알맞은 낱말을 찾아 선으로 이어 보세요.

(1) 나는 바둑을 (　　)으로 배웠다.

(2) 나는 빨간색 자전거를 빌려 타고 (　　)으로 달려갔다.

(3) 그는 차의 (　　)을 낮추었다.

속력

쾌속

속성

학습 개수 　 / 10　★ 오늘 배운 한자　急 速 多 行 性 力 成 快 加

공부한 날   월   일

오늘 배운 한자를 다시 써 보세요.

全 온전할 전
完 완전할 완

오늘 배운 한자를 다시 익혀 보세요.

1 다음 한자성어의 뜻을 골라 보세요.　　　　　　　(③)

全知全能 전지전능

① 걱정이 있어 뒤척거리며 잠을 못 이룬다는 말
② 자기가 저지른 일의 결과를 자기가 받는다는 말
③ 어떤 일이든 다 알고 행동하는 능력을 이르는 말

2 보기와 같이 다음 밑줄 친 한자어의 독음을 써 보세요.

보기
有形 → 유형

(1) 소풍을 가기 위해 학생 <u>全體</u>가 운동장에 모였다. → 전체

(2) 나는 마트에 다녀오라는 엄마의 심부름을 <u>完遂</u>했다. → 완수

오늘 배운 낱말을 확인해 보세요.

1 다음 문장에 어울리는 낱말을 골라 ○표 하세요.

(1) 우리는 한옥을 (온순 / **온전**)하게 보존하기 위해 노력하고 있다.

(2) 그 꽃 가게는 (**전국** / 전망)으로 꽃 배달을 하였다.

(3) 우리는 자연 환경을 깨끗하게 (운전 / **보전**)해야 한다.

(4) 우리 반 (**전체** / 전제) 중 절반이 감기에 걸려 아팠다.

2 '완(完)'이 들어간 보기의 낱말 중 빈칸에 알맞은 낱말을 골라 써 보세요.

보기
완전　　　완료　　　미완

(1) 나는 바닷가에서 모래성 쌓기를 [완료] 하였다.

(2) 그들의 사랑은 결국 이루어지지 않은 채 [미완] 으로 남았다.

(3) 십 년 동안 방송되었던 드라마가 드디어 [완전] 히 끝났다.

맞힌 개수 ☐ / 10　　★ 오늘 배운 한자　全 完 體 保 國 了 逢 未

공부한 날   월   일

오늘 배운 한자를 다시 써 보세요.

高 높을 고
卓 높을 탁

오늘 배운 한자를 다시 익혀 보세요.

1 다음 한자성어의 뜻을 골라 보세요.　　　　　　　(③)

高聲放歌 고성방가

① 일을 자주 뜯어고친다는 말
② 이미 한 말을 자꾸 되풀이한다는 말
③ 큰 소리로 떠들고 마구 노래 부른다는 말

2 다음 밑줄 친 말에 해당하는 한자를 보기에서 찾아 써 보세요.

보기
高　　卓　　度　　上　　圓

(1) 하늘을 나는 비행기의 <u>고도</u>가 매우 높았다. → 高度

(2) 그들은 원탁에 모여 앉아 회의를 했다. → 圓卓

(3) 새해를 맞아 <u>탁상</u> 달력을 새로 샀다. → 卓上

오늘 배운 낱말을 확인해 보세요.

1 다음 문장의 빈칸에 들어갈 알맞은 낱말을 찾아 색칠해 보세요.

(1) 나는 그림을 그리는 ☐ 한 취미를 가졌다.
　　환상　　　**고상**

(2) 그 가수는 감기에 걸려서 ☐ 을 내지 못했다.
　　고성　　　고민

(3) 하얀 학이 숲에 서 있는 모습이 ☐ 하게 보였다.
　　고고　　　사고

2 다음 문장의 빈칸에 들어갈 알맞은 낱말을 찾아 선으로 이어 보세요.

(1) 그의 연기 실력은 (　　　) 했다. ——— 탁월

(2) 아빠는 (　　　)에 놓인 물병을 치우셨다. ——— 탁상

(3) (　　　) 위에는 맛있는 음식들이 가득 차려져 있었다. ——— 탁자

맞힌 개수 ☐ / 10　　★ 오늘 배운 한자　高 卓 尚 聲 孤 度 子 越 圓 上

 오늘 배운 한자를 다시 써 보세요.

失 잃을 실
敗 패할 패

 오늘 배운 한자를 다시 익혀 보세요.

1 다음 한자성어의 뜻을 골라 보세요. (①)

敗家亡身 패가망신

① 집안의 재산을 모두 쓰고 몸을 망친다는 말
② 같은 처지의 사람들끼리 어울려 행동한다는 말
③ 이러지도 저러지도 못하는 어려운 처지를 나타내는 말

2 다음 밑줄 친 말에 해당하는 한자를 [보기] 에서 찾아 써 보세요.

[보기]
 完    失    敗    手

(1) 그는 뛰다가 접시를 깨는 <u>실수</u>를 하였다. → 失手

(2) 그들은 준비를 열심히 하지 않아 경기에서 <u>완패</u>하였다. → 完敗

 오늘 배운 낱말을 확인해 보세요.

1 다음 문장에 어울리는 낱말을 골라 ○표 하세요.

(1) 그는 상대 선수의 실수로 (실력 / (실격))을 당했다.

(2) 그는 공을 눈에 맞는 바람에 (실족 / (실명))할 뻔하였다.

(3) 그녀가 적과 싸울 전의를 ((상실) / 성실)했다.

(4) 나는 졸다가 가방을 버스에 놓고 내리는 ((실수) / 실토)를 하였다.

2 '패(敗)'가 들어간 [보기] 의 낱말 중 빈칸에 알맞은 낱말을 골라 써 보세요.

[보기] 패배   실패   불패

(1) 우리 팀은 세 번의 경기에서 3전 3승으로 불패 하였다.

(2) 그는 사업의 실패 로 모아 둔 재산을 전부 잃었다.

(3) 그 선수는 아파서 연습을 제대로 하지 못해 시합에서 패배 하였다.

 맞힌 개수 ___ / 10 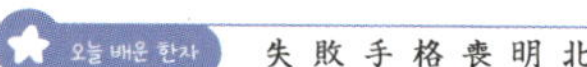 오늘 배운 한자 失 敗 手 格 喪 明 北 完 不

 오늘 배운 한자를 다시 써 보세요.

光 빛 광
明 밝을 명

 오늘 배운 한자를 다시 익혀 보세요.

1 다음 한자성어의 뜻을 골라 보세요. (②)

明明白白 명명백백

① 작은 것을 크게 불리어 떠벌린다는 말
② 아주 똑똑하게 나타나 의문의 여지가 없다는 말
③ 바람 앞의 등불처럼 매우 위태로운 처지를 나타내는 말

2 [보기] 와 같이 다음 밑줄 친 한자어의 독음을 써 보세요.

[보기] 有形 → 유형

(1) 우주에서 가장 빠른 것은 <u>光速</u>이다. → 광속

(2) 바다에서 해가 올라오자 <u>黎明</u>이 밝아왔다. → 여명

(3) 그가 이 사건의 진짜 범인인 것이 <u>分明</u>하다. → 분명

오늘 배운 낱말을 확인해 보세요.

1 다음 문장의 빈칸에 들어갈 알맞은 낱말을 찾아 색칠해 보세요.

(1) 전등을 새것으로 갈자 [   ]이 방 안에 가득 찼다.
    광명 / 광경

(2) 번개가 치자 [   ]이 번쩍였다.
    섬멸 / 섬광

(3) 안드로메다은하는 지구에서 250만 [   ]이나 떨어져 있다.
    광장 / 광년

2 다음 문장의 빈칸에 들어갈 알맞은 낱말을 찾아 선으로 이어 보세요.

(1) 그 작가의 글은 (   )하고 간결했다. · → 명백

(2) 그녀는 (   ) 자신의 생각을 말했다. · → 명료

(3) 그 범인의 잘못이 (   )하게 드러났다. · → 분명

 맞힌 개수 ___ / 10 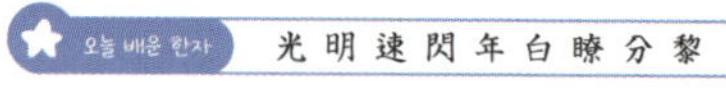 오늘 배운 한자 光 明 速 閃 年 白 曉 分 黎

오늘 배운 한자를 다시 써 보세요.

結 맺을 결
果 실과 과

오늘 배운 한자를 다시 익혀 보세요.

1 다음 한자성어의 뜻을 골라 보세요. (③)

結草報恩 결초보은

① 고생 끝에 즐거움이 온다는 말
② 학의 목처럼 목을 길게 빼고 간절히 기다린다는 말
③ 죽어 혼이 되더라도 입은 은혜를 잊지 않고 갚는다는 말

2 다음 밑줄 친 말에 해당하는 한자를 보기에서 찾아 써 보세요.

보기: 敢　結　果　論

(1) 소설가는 십 년 동안 쓴 소설의 결론을 냈다. → 結論
(2) 친구는 과감하게 다리 위에서 번지점프를 하였다. → 果敢

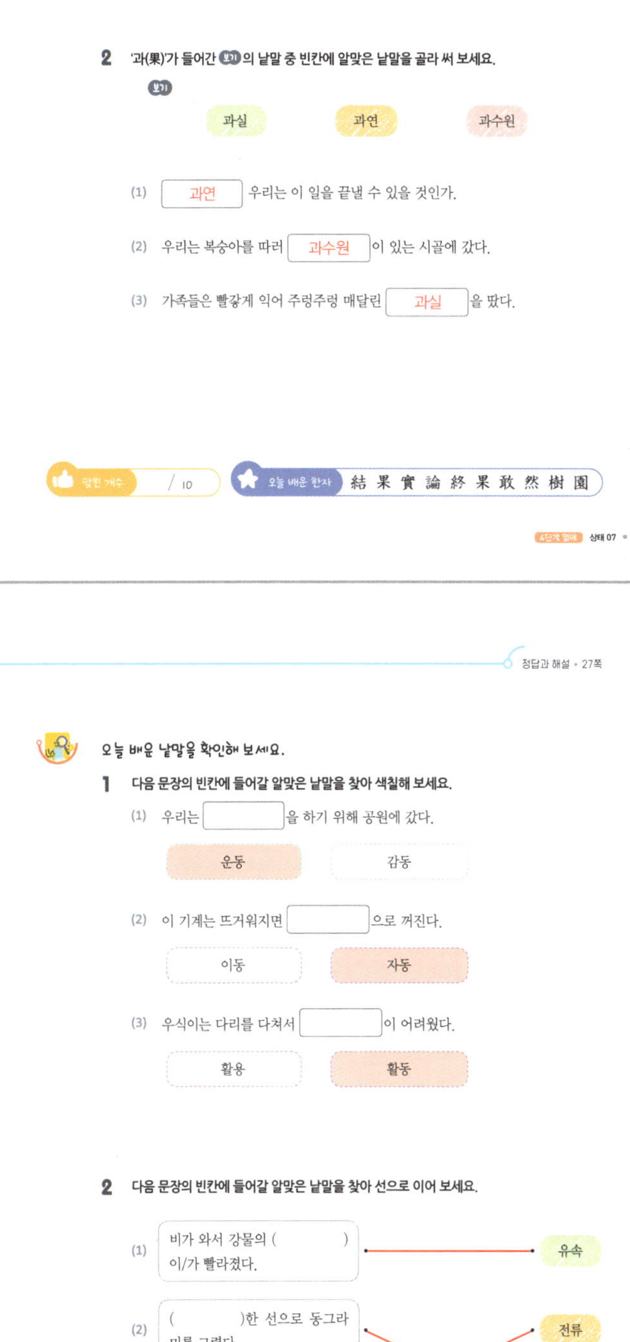

오늘 배운 낱말을 확인해 보세요.

1 다음 문장에 어울리는 낱말을 골라 ○표 하세요.

(1) 이 경기의 승리는 노력한 (결과/ 결정)이다.
(2) 회장이 회의를 서둘러 (종결/ 종말)하였다.
(3) 가을은 과일과 곡식이 익는 풍요로운 (결말 /결실)의 계절이다.
(4) 작가는 갑자기 몸이 아파서 이야기의 (결론/ 결심)을 맺지 못했다.

2 '과(果)'가 들어간 보기의 낱말 중 빈칸에 알맞은 낱말을 골라 써 보세요.

보기: 과실　과연　과수원

(1) 　과연　 우리는 이 일을 끝낼 수 있을 것인가.
(2) 우리는 복숭아를 따러 과수원 이 있는 시골에 갔다.
(3) 가족들은 빨갛게 익어 주렁주렁 매달린 과실 을 땄다.

맞힌 개수 / 10　★ 오늘 배운 한자 結 果 實 論 終 果 敢 然 樹 園

오늘 배운 한자를 다시 써 보세요.

動 움직일 동
流 흐를 류

오늘 배운 한자를 다시 익혀 보세요.

1 다음 한자성어의 뜻을 골라 보세요. (①)

一言一動 일언일동

① 한마디 말과 한 가지 동작이라는 말
② 몹시 마음을 쓰며 애를 태운다는 말
③ 좋은 일 위에 좋은 일이 더하여진다는 말

2 다음 밑줄 친 말에 해당하는 한자를 보기에서 찾아 써 보세요.

보기: 動　流　物　速　潮

(1) 아프리카 초원에는 많은 야생 동물이 살고 있다. → 動物
(2) 강한 조류 때문에 배가 앞으로 나아가지 못했다. → 潮流
(3) 유속이 빠른 곳은 강물이 매우 깊다. → 流速

오늘 배운 낱말을 확인해 보세요.

1 다음 문장의 빈칸에 들어갈 알맞은 낱말을 찾아 색칠해 보세요.

(1) 우리는 　　　　 을 하기 위해 공원에 갔다.
　운동　／　감동

(2) 이 기계는 뜨거워지면 　　　　 으로 꺼진다.
　이동　／　자동

(3) 우식이는 다리를 다쳐서 　　　　 이 어려웠다.
　활용　／　활동

2 다음 문장의 빈칸에 들어갈 알맞은 낱말을 찾아 선으로 이어 보세요.

(1) 비가 와서 강물의 ( ) 이/가 빨라졌다. — 유속
(2) ( )한 선으로 동그라미를 그렸다. — 전류
(3) 콘센트에는 ( )이/가 흐르니 조심해야 한다. — 유려

맞힌 개수 / 10　★ 오늘 배운 한자 動 流 運 物 自 活 速 潮 麗 電

오늘 배운 한자를 다시 써 보세요.

立 / 立　설 립
建 / 建　세울 건

오늘 배운 한자를 다시 익혀 보세요.

1 다음 한자성어의 뜻을 골라 보세요.　(②)

立身揚名 입신양명

① 성공하여 고향에 돌아온다는 말
② 출세하여 이름을 세상에 드날린다는 말
③ 큰 소용이 없으나 버리기에는 아까운 것을 이르는 말

2 보기 와 같이 다음 밑줄 친 한자어의 독음을 써 보세요.

보기
有形 → 유형

(1) 아빠는 새로운 회사를 設立하셨다.　→ 설립

(2) 아빠의 회사에서는 큰 빌딩을 建設하였다.　→ 건설

오늘 배운 낱말을 확인해 보세요.

1 다음 문장에 어울리는 낱말을 골라 ○표 하세요.

(1) 그는 (직접 / 직립)한 채 푸른 하늘만 올려다보았다.

(2) 친구의 거짓말 때문에 나의 (성장 / 입장)이 난처하였다.

(3) 대학생이 된 누나는 집을 떠나 (자립 / 사립) 생활을 하였다.

(4) 그는 성공한 후 학생들을 가르치기 위해 학교를 (설립 / 독립)하였다.

2 '건(建)'이 들어간 보기 의 낱말 중 빈칸에 알맞은 낱말을 골라 써 보세요.

보기
창건　　재건　　건국

(1) 이성계는 1392년에 조선을 [건국]하였다.

(2) 그는 새로운 궁궐을 [창건]하고 이름을 붙였다.

(3) 그들은 불에 타 버린 건물을 [재건]하기로 결정했다.

맞힌 개수　/ 10　　★ 오늘 배운 한자　立 建 設 自 直 場 創 再 國

오늘 배운 한자를 다시 써 보세요.

分 / 分　나눌 분
別 / 別　나눌/다를 별

오늘 배운 한자를 다시 익혀 보세요.

1 다음 한자성어의 뜻을 골라 보세요.　(③)

安分知足 안분지족

① 실행하지 못할 일을 공연히 의논만 한다는 말
② 아무런 주견 없이 남이 하는 대로 덩달아 행동한다는 말
③ 자기 분수에 만족하여 다른 데 마음을 두지 않는다는 말

2 다음 밑줄 친 말에 해당하는 한자를 보기 에서 찾아 써 보세요.

보기
分　離　身　類　別

(1) 장난감을 색깔이 같은 것끼리 분류하였다.　→ 分類

(2) 친구가 전학을 가는 바람에 우리는 이별하였다.　→ 離別

(3) 조선 전기에는 백성들의 신분을 엄격히 구별하였다.　→ 身分

오늘 배운 낱말을 확인해 보세요.

1 다음 문장의 빈칸에 들어갈 알맞은 낱말을 찾아 색칠해 보세요.

(1) 나는 읽은 책과 읽을 책을 [   ]하였다.
　구분　　구성

(2) 우리는 [   ]에 맞지 않는 소비를 하지 말아야 한다.
　소수　　분수

(3) 이모는 외교관 [   ]으로 오랫동안 외국에 나가 있었다.
　신용　　신분

2 다음 문장의 빈칸에 들어갈 알맞은 낱말을 찾아 선으로 이어 보세요.

(1) 나는 두 문제를 (　　) (이)라고 생각하였다.　　구별

(2) 요즘 옷은 남녀 (　　) 이/가 없는 경우가 많다.　　차별

(3) 제품의 품질을 높여서 다른 상품과 (　　)을/를 꾀하였다.　　별개

맞힌 개수　/ 10　　★ 오늘 배운 한자　分 別 類 區 數 身 差 離 個

공부한 날   월   일

오늘 배울 한자를 다시 써 보세요.

見 — 볼 견
現 — 나타날 현

오늘 배울 한자를 다시 익혀 보세요.

1 다음 한자성어의 뜻을 골라 보세요.   (①)

見物生心 견물생심

① 물건을 보면 욕심이 생긴다는 말
② 실력에 있어 낫고 못함이 없이 비슷하다는 말
③ 죽어서 백골이 되어도 잊지 못할 큰 은혜를 입었다는 말

2 다음 밑줄 친 말에 해당하는 한자를 보기 에서 찾아 써 보세요.

보기

金   發   現   見

(1) 우리는 갯벌에서 낙지를 발견하였다.   → 發見

(2) 나는 가까운 은행에 가서 현금을 찾았다.   → 現金

오늘 배운 낱말을 확인해 보세요.

1 다음 문장에 어울리는 낱말을 골라 ○표 하세요.

(1) 친구의 일에 (참견 / 참관)하였다가 우리는 다투었다.

(2) 나는 어제 여의도에 있는 방송국에 (견습 / 견학)을 갔다.

(3) 환경 오염 문제에 대해서 나와 친구는 (견해 / 견제)가 달랐다.

(4) 아마존 정글에서 새로운 생물이 (발견 / 발명)되었다.

2 '현(現)'이 들어간 보기 의 낱말 중 빈칸에 알맞은 낱말을 골라 써 보세요.

보기

현재   발현   실현

(1) 화가는 그림을 통해 아름다움에 대한 생각을 | 발현 |하였다.

(2) 나는 가수의 꿈을 | 실현 |하기 위해 오디션에 참가하였다.

(3) 나는 지난 과거보다 | 현재 |의 삶에 최선을 다하기로 하였다.

맞힌 개수   / 10   ★ 오늘 배운 한자   見 現 參 學 發 解 在 金 實

공부한 날   월   일

오늘 배운 한자를 다시 써 보세요.

氣 — 기운 기
感 — 느낄 감

오늘 배운 한자를 다시 익혀 보세요.

1 다음 한자성어의 뜻을 골라 보세요.   (①)

多情多感 다정다감

① 정이 많고 느낌이 많다는 말
② 매우 위태로운 상태를 이르는 말
③ 자기 힘은 생각하지 않고 강자에게 함부로 덤빈다는 말

2 보기 와 같이 다음 밑줄 친 한자어의 독음을 써 보세요.

보기

有形 → 유형

(1) 空氣는 지구에 사는 생물에게 매우 중요하다.   → 공기

(2) 감독은 자연에서 靈感을 받아 영화를 찍었다.   → 영감

(3) 개는 感覺 중에서 후각이 발달한 동물이다.   → 감각

오늘 배운 낱말을 확인해 보세요.

1 다음 문장의 빈칸에 들어갈 알맞은 낱말을 찾아 색칠해 보세요.

(1) 눈이 왔다 비가 왔다 [   ]이 변덕스러웠다

기상   기술

(2) [   ]가 오른 우리나라 대표팀은 경기에서 우승하였다.

기세   기회

(3) 서늘한 [   ]가 되자 귀뚜라미가 울기 시작했다.

기대   기후

2 다음 문장의 빈칸에 들어갈 알맞은 낱말을 찾아 선으로 이어 보세요.

(1) 학교에서 (   ) 쓰기 대회가 열렸다.

(2) 벌에 물려 (   )이 마비 되었다.

(3) 나는 싸운 친구와 (   )을 풀고 화해하였다.

감정
감각
독후감

맞힌 개수   / 10   ★ 오늘 배운 한자   氣 感 空 象 勢 候 讀 後 情 靈 覺

오늘 배운 한자를 다시 써 보세요.

心 마음 심
念 생각 념

오늘 배운 한자를 다시 익혀 보세요.

1 다음 한자성어의 뜻을 골라 보세요. (①)

切齒腐心 절치부심

① 대단히 분하게 여기고 마음을 썩인다는 말
② 모든 일은 반드시 바른길로 돌아간다는 말
③ 사방을 둘러 보아도 의지할 곳이 없다는 말

2 다음 밑줄 친 말에 해당하는 한자를 [보기]에서 찾아 써 보세요.

[보기] 念 傷 慮 心

(1) 나는 친구가 약속을 잊어버리는 바람에 매우 <u>상심</u>하였다. → 傷心

(2) 비가 너무 많이 내리자 산사태가 <u>염려</u>되었다. → 念慮

오늘 배운 낱말을 확인해 보세요.

1 다음 문장에 어울리는 낱말을 골라 ○표 하세요.

(1) 나는 숙제가 너무 많아 마음이 (심판 / **심란**)하였다.

(2) 내 동생은 어려운 친구를 도와줄 정도로 (**심성** / 심판)이 곱다.

(3) 왕은 전쟁에서 백성을 구해 (상심 / **민심**)을 얻었다.

(4) 우리 팀은 경기에서 패배하여 매우 (**상심** / 상실)하였다.

2 '념(念)'이 들어간 [보기]의 낱말 중 빈칸에 알맞은 낱말을 골라 써 보세요.

[보기] 신념   유념   상념

(1) 나는 노을을 보며 한동안 | 상념 | 에 잠겨 있었다.

(2) 다음번에는 이런 일이 없도록 | 유념 | 하라고 말하였다.

(3) 나는 '하면 된다'라는 | 신념 | 을 갖고 있었다.

맞힌 개수 / 10   ★ 오늘 배운 한자 心 念 傷 亂 相 民 信 留 想 慮

오늘 배운 한자를 다시 써 보세요.

意 뜻 의
情 뜻 정

오늘 배운 한자를 다시 익혀 보세요.

1 다음 한자성어의 뜻을 골라 보세요. (③)

意氣投合 의기투합

① 세상일은 변화가 심하다는 말
② 차라리 모르는 편이 낫다는 말
③ 서로 마음이나 뜻이 맞는다는 말

2 다음 밑줄 친 말에 해당하는 한자를 [보기]에서 찾아 써 보세요.

[보기] 愛 留 情 意 表

(1) 다른 사람에게 피해를 주지 않도록 <u>유의</u>했다. → 留意

(2) 나는 귀여운 강아지에게 <u>애정</u>을 가졌다. → 愛情

(3) 전학 온 친구에게 웃는 <u>표정</u>으로 대하였다. → 表情

오늘 배운 낱말을 확인해 보세요.

1 다음 문장의 빈칸에 들어갈 알맞은 낱말을 찾아 색칠해 보세요.

(1) 두 단어는 같은 [   ]로 사용되었다.
   의지   **의미**

(2) 별이는 동물을 치료하는 사람이 되고 싶다는 [   ]가 있었다.
   의사   의료

(3) 동생은 잠이 덜 깼는지 [   ]이/가 몽롱하였다.
   의식   유의

2 다음 문장의 빈칸에 들어갈 알맞은 낱말을 찾아 선으로 이어 보세요.

(1) 힘든 사람을 보면 도와주려는 것이 (   )이다.

(2) 아기 고양이가 너무 귀여워서 (   )이 갔다.

(3) 친구는 나에게 햇살처럼 밝은 (   )으로 인사하였다.

   표정   인정   정감

맞힌 개수 / 10   ★ 오늘 배운 한자 意 情 味 思 留 識 多 人 感 愛

오늘 배운 한자를 다시 써 보세요.

期 期 기약할 기
待 待 기다릴 대

오늘 배운 한자를 다시 익혀 보세요.

1 다음 한자성어의 뜻을 골라 보세요. (①)

鶴首苦待 학수고대

① 몹시 기다린다는 말
② 처지를 바꾸어 생각해 본다는 말
③ 약한 자는 강한 자에게 먹힌다는 말

2 [보기]와 같이 다음 밑줄 친 한자어의 독음을 써 보세요.

[보기]
有形 → 유형

(1) 우리는 방학 때 다시 만나기로 期約하였다. → 기약

(2) 우리 가족은 집에 오신 손님을 待接하였다. → 대접

오늘 배운 낱말을 확인해 보세요.

1 다음 문장에 어울리는 낱말을 골라 ○표 하세요.

(1) 좋아하는 배우가 나온다는 영화를 (기절 / **기대**)하였다.

(2) 방학 (순간 / **기간**)에 우리 가족은 해외 여행을 다녀왔다.

(3) 요구르트와 같은 유제품은 (**기한** / 내한) 안에 먹어야 한다.

(4) 우리는 다시 만나자는 (**기약** / 계약)도 없이 이별하였다.

2 '대(待)'가 들어간 [보기]의 낱말 중 빈칸에 알맞은 낱말을 골라 써 보세요.

[보기]
고대   대우   대기

(1) 그는 부당한 [대우]를 받은 것에 화가 났다.

(2) 어릴 적 친구를 다시 만나기를 무척 [고대]하였다.

(3) 우리는 돈가스 맛집에 가서 순서가 될 때까지 [대기]하였다.

맞힌 개수 / 10   오늘 배운 한자 期 待 約 限 間 苦 接 機 遇

오늘 배운 한자를 다시 써 보세요.

正 正 바를 정
善 善 착할 선

오늘 배운 한자를 다시 익혀 보세요.

1 다음 한자성어의 뜻을 골라 보세요. (②)

勸善懲惡 권선징악

① 겉과 속이 다르다는 말
② 착한 것을 권하고, 악한 것을 징벌한다는 말
③ 손님이 주인처럼 행동한다는 것으로 입장이 뒤바뀌었다는 말

2 다음 밑줄 친 말에 해당하는 한자를 [보기]에서 찾아 써 보세요.

[보기]
直 行 最 正 善

(1) 그는 우리 마을에서 가장 정직한 사람이었다. → 正直

(2) 우리 팀은 경기에서 이기기 위해 최선을 다했다. → 最善

(3) 그 배우는 꾸준한 선행으로 칭찬을 받았다. → 善行

오늘 배운 낱말을 확인해 보세요.

1 다음 문장의 빈칸에 들어갈 알맞은 낱말을 찾아 색칠해 보세요.

(1) 목성 탐사선은 날아가는 궤도를 [   ]하였다.
수정   걱정

(2) 양궁 선수가 쏜 화살이 과녁의 [   ]을 맞추었다.
굴곡   정곡

(3) [   ]인데도 기온이 높아 날씨가 춥지 않았다.
정월   정보

2 다음 문장의 빈칸에 들어갈 알맞은 낱말을 찾아 선으로 이어 보세요.

(1) (   )한 친구는 주운 돈을 경찰서로 가져갔다.

(2) 우리는 어려운 주변 사람을 돕는 (   )을 베풀어야 한다.

(3) 친구들은 (   ) 단체에 용돈을 모아 기부하였다.

선행   자선   선량

맞힌 개수 / 10   오늘 배운 한자 正 善 月 修 鶴 直 慈 行 良 最

30문항 / 30분 시험 / 시험 일자: _______ 년 _____ 월 _____ 일

성명 ( )

정답과 해설 • 32쪽

문제 1-5

다음 글의 ( ) 안에 있는 漢字한자의 讀音(독음: 읽는 소리)을 써 보세요.

(漢字) → 한자

(1) 새로 발견한 물질에서 (有效) 성분이 검출되었다. (유효)

(2) 지구에 존재하는 생명의 (根源)은 물로 알려져 있다. (근원)

(3) 원양 어선에서는 참치를 잡자마자 (急速) 냉동하여 보관한다. (급속)

(4) 전 세계는 지구 온난화 문제를 해결할 방법을 (多角)으로 모색하였다. (다각)

(5) 신라 시대에 (建設)된 유적지가 문화재로 지정되었다. (건설)

문제 6-10

다음 漢字한자의 訓(훈: 뜻)과 音(음: 소리)을 쓰세요.

漢 → 한나라 한

(6) 舊 (옛 구)

(7) 能 (능할 능)

(8) 敗 (패할 패)

(9) 建 (세울 건)

(10) 期 (기약할 기)

문제 11-15

다음 밑줄 친 漢字語한자어를 漢字한자로 쓰세요.

(11) 그 사람은 내가 해외로 보낸 편지를 받지 못했다. (便紙)

(12) 우리 반은 모두가 협동하여 체육 대회를 우승하였다. (協同)

(13) 그는 고래를 보호하는 단체에서 활동을 하였다. (活動)

(14) 암 치료를 위해 개발된 신약이 판매 허가를 받았다. (許可)

(15) 이상 기후 현상으로 인해 인류는 위기에 처하였다. (氣候)

문제 16-18

다음 漢字한자의 반대되는 글자를 골라 그 번호를 쓰세요.

(16) 今 : ① 形 ② 古 ③ 消 ④ 全 (②)

(17) 遠 : ① 共 ② 完 ③ 失 ④ 近 (④)

(18) 輕 : ① 現 ② 意 ③ 重 ④ 結 (③)

문제 19-21

다음 漢字한자와 뜻이 비슷한 한자를 골라 그 번호를 쓰세요.

(19) 高 : ① 善 ② 感 ③ 卓 ④ 失 (③)

(20) 全 : ① 別 ② 完 ③ 他 ④ 本 (②)

(21) 情 : ① 才 ② 消 ③ 果 ④ 意 (④)

계속

문제 22-24

다음 ( ) 안에 알맞은 漢字한자를 •보기•에서 찾아 그 번호를 쓰세요.

보기
① 感 ② 分 ③ 善 ④ 結
⑤ 待 ⑥ 新 ⑦ 成 ⑧ 近

(22) 大器晩( ) : 늦은 나이에 성공한다는 말. (⑦)

(23) ( )草報恩 : 죽은 혼이 되더라도 입은 은혜를 잊지 않고 갚는다는 말. (④)

(24) 安( )知足 : 자기 분수에 만족하여 다른 데 마음을 두지 않는다는 말. (②)

문제 25-27

다음 뜻에 맞는 漢字語한자어를 •보기•에서 찾아 그 번호를 쓰세요.

보기
① 氣勢 ② 參見 ③ 他行
④ 想念 ⑤ 黎明 ⑥ 發顯

(25) 현재 거래하는 은행이 아닌 다른 은행. (③)

(26) 희미하게 날이 밝아오는 빛이나 그 무렵. (⑤)

(27) 자기와 별로 관계없는 일이나 말 따위에 끼어들어 쓸데없이 아는 체하거나 이래라저래라 함. (②)

문제 28-30

다음 漢字한자의 진하게 표시한 획은 몇 번째로 쓰는지 •보기•에서 찾아 그 번호를 써 보세요.

보기
① 첫 번째 ② 두 번째
③ 세 번째 ④ 네 번째
⑤ 다섯 번째 ⑥ 여섯 번째
⑦ 일곱 번째 ⑧ 여덟 번째
⑨ 아홉 번째 ⑩ 열 번째
⑪ 열한 번째 ⑫ 열두 번째
⑬ 열세 번째 ⑭ 열네 번째
⑮ 열다섯 번째 ⑯ 열여섯 번째

(28) 輕 (⑪)

(29) 流 (⑨)

(30) 善 (⑫)

수고하였습니다.